ALTERNATIVEN

Heft 11 bearbeitet von Hans Gaus, Peter Lerch und Albert Schlereth

Tod – Jenseits – Auferstehung

Kösel-Verlag München

ALTERNATIVEN

Arbeitstexte für den Religionsunterricht, Sekundarstufe II. Herausgegeben von Albert Schlereth

Heft 1: Moral – was ist das?
Bearbeitet von A. Schlereth. 64 Seiten
Heft 2: Woher – wozu – wohin?
Bearbeitet von A. Schlereth. 64 Seiten
Heft 3: Mit Konflikten leben
Bearbeitet von A. Schlereth. 60 Seiten
Heft 4: Liebe – Ehe – Elternschaft
Bearbeitet von H. Gaus und A. Schlereth. 80 Seiten
Heft 5: Das Gewissen – die fragwürdige Instanz
Bearbeitet von K. Dittert, H. Ritz, A. Schlereth. 72 Seiten
Heft 6: Die Sache Gottes
Bearbeitet von R. Seufert und A. Schlereth. 80 Seiten
Heft 7: Politik – Mächte und Ideologien
Bearbeitet von R. Ott und A. Schlereth. 64 Seiten
Heft 8: Meditation
Bearbeitet von H. Gaus und A. Schlereth. 79 Seiten
Heft 9: homo faber – homo ludens
Bearbeitet von F. Mahr und A. Schlereth. 64 Seiten
Heft 10: Friede – die notwendige Utopie
Bearbeitet von W. Eykmann und A. Schlereth. 80 Seiten
Heft 11: Tod – Jenseits – Auferstehung
Bearbeitet von H. Gaus, P. Lerch und A. Schlereth. 80 Seiten
Heft 12: Umstrittene Kirche
Bearbeitet von U. Loy, H. Ritz und A. Schlereth. 80 Seiten
Heft 13: Gewalt in Politik und Gesellschaft
Bearbeitet von A. Kaiser. 61 Seiten

ISBN 3-466-50111-3

Gesamtherstellung: Graphische Werkstätten Kösel, Kempten.
Umschlagentwurf: Gerhard M. Hotop, München.

INHALT

I. TOD

Der Tod als Herausforderung

Der christliche Glaube vor dem Geheimnis des Todes

Selbstmord, freiwilliger Tod, Martyrium

II. JENSEITS

III. AUFERSTEHUNG

Diskussion um die Auferstehung Jesu

Konkrete Hoffnung

VORBEMERKUNG

Das Sterben-Müssen erfuhr der Mensch von jeher als Herausforderung. Man könnte die gesamte menschliche Kultur als einen Versuch verstehen, dieser Herausforderung des Todes entgegenzutreten: Kunst, Philosophie und Religion, aber auch Wissenschaft, Produktion und Konsum von Gütern aller Art haben hierin eine, wenn nicht ihre stärkste Wurzel.

Diesem Sachverhalt widerspricht nur scheinbar die Tatsache, daß unser fortschrittgläubiges Zeitalter, unsere Gesellschaft ihre Angst vor dem Tod zu verdrängen sucht. Der junge Mensch, dessen Lebenserwartung noch groß ist, neigt dazu, sich mit dem Problem des Todes vorerst auf der literarischen Ebene zu befassen. Dichter wie Boris Pasternak, Alexander Solschenizyn im Osten oder Samuel Beckett, Eugène Ionesco und Simone de Beauvoir im Westen finden daher mit Recht sein Interesse. Aber auch wissenschaftliche Abhandlungen über Fragen der Lebensverlängerung, der Wiederbelebung, der Euthanasie und der Organtransplantation bis hin zu parapsychologischen Phänomenen haben viele junge Leser.

All diese gewiß wichtigen Aspekte bleiben bei der vorliegenden Textsammlung im Hintergrund. Es geht hier in erster Linie um die Frage, welche Antwort spezifisch der christliche Glaube auf die Herausforderung des Todes anbietet. Was kann sinnvoll unter ›Jenseits‹ verstanden werden? Was sagt heutige Theologie zur Auferstehung Jesu? Welche konkrete Hoffnung bietet das Christentum dem Menschen unserer Zeit?

Auf eine Kurzformel gebracht heißt die Frage: Warum leben wir, wenn wir sterben müssen? Nur der Mensch stellt diese Frage. Er muß sie unausweichlich stellen, will er Mensch sein. Und weil es zu seinem Menschsein gehört, so fragen zu müssen, hat er ein Recht auf Antwort. Mehr noch: In dieser Verfaßtheit seiner Existenz liegt zugleich der Grund zu der Hoffnung, daß es auf diese Frage auch eine Antwort gibt, die seinem Leben Sinn verleiht.

Es sei noch, vor allem zur Behandlung der Thematik im Rahmen des Kursunterrichts, darauf hingewiesen, daß in Alternativen 2 (»Woher – Wozu – Wohin?«) die Textgruppe »Tod und Unsterblichkeit« und in Alternativen 3 (»Mit Konflikten leben«) das Kapitel »diesseits – jenseits« Ergänzungen zu dem vorliegenden Heft bietet.

Biblische Texte wurden auch in diesem Heft nicht aufgenommen, da vorausgesetzt wird, daß die Bibel im Religionsunterricht zur Verfügung steht.

Die mit * gekennzeichneten Überschriften gehören nicht zum Originaltext.

Noch ein Hinweis für den Lehrer: Ein didaktischer Kommentar ist in Vorbereitung und kann nach Erscheinen über jede Buchhandlung bezogen werden. Dies gilt auch für die bereits erschienenen Lehrerhefte zu Alternativen 1, 4, 8 und 9.

Schließlich sei darauf aufmerksam gemacht, daß im Rahmen der Reihe »Unterrichtsmodelle – Fach Religion« (Nr. 1) zur Auferstehungsfrage ein erprobtes Modell für die Sekundarstufe II vorliegt von *Helmut Kurz:* »Ostern – Grund christlicher Hoffnung« (München 1973. Lehrerheft: ISBN 3-466-50401-5. Schülermaterial: ISBN 3-466-50402-3).

I. TOD

Einen natürlichen Tod gibt es nicht: nichts, was einem Menschen je widerfahren kann, ist natürlich, weil seine Gegenwart die Welt in Frage stellt. Alle Menschen sind sterblich: aber für jeden Menschen ist sein Tod ein Unfall und, selbst wenn er sich seiner bewußt ist und sich mit ihm abfindet, ein unverschuldeter Gewaltakt. *Simone de Beauvoir*

Der Tod als Herausforderung

ERNST BENZ

*Frühe Re-aktionen des Menschen auf das Faktum des Todes**

...Der Mensch ist das einzige Wesen, das seine Toten begräbt. Er unter- 1
scheidet sich darin vom Tier. Wie die Sprache so ist die Bestattung der Toten ein charakteristisch menschlicher Zug. Die häufigsten und oft die einzigen Zeugnisse der Frühkulturen der Menschheit, die dem Historiker und Archäologen zugänglich sind, sind die Gräber...

In allen Fällen der Beisetzung wird vorausgesetzt, daß der Tote weiterlebt, daß man ihn weiter als Träger einer wirkenden Macht verehrt und den Umgang mit ihm sucht, oder aber, daß man ihn hindert, wiederzukommen, weil man ihm zutraut, daß er nach seinem Tod einen schädlichen, unheilvollen Einfluß auf die Lebenden auszuüben vermag.

Hier wird eines deutlich: Der Mensch ist das einzige Wesen, das nicht bereit ist, den physischen Tod als definitives Ende des Lebens hinzunehmen, das über sich hinaus will, das den Tod leugnet, das sich als unsterblich setzt, das als selbstverständlich voraussetzt, daß sein Leben über den physischen Tod hinausgreift. Die bedeutsamste Vorstellung, in der sich dieser Wille über sich selbst und über den physischen Tod hinaus äußert, ist der Mythus von der Seele...

Die eindrucksvollste Form, in der sich dieses Nichtakzeptieren des Todes als eines Endes äußert, ist der Ahnenkult, der in der einen oder anderen Form von allen alten Kulturen praktiziert wurde...

Daß der Mensch gerade in seiner Negation des Todes ein Wesen ist, das 2
über sich selbst hinausdrängt und seine eigene Endlichkeit negiert, äußert sich in einer weiteren auffälligen Besonderheit. Der Überhang in das Leben nach dem leiblichen Tode hinein kann so stark werden, das Schwergewicht des Lebenswillens kann sich so stark in das Seelische hinein verlagern, daß von dort aus die irdisch-leibliche Existenz ihrerseits abgewertet wird. Aus dem Seelenmythus heraus erwächst eine eigentümlich dualistische Haltung, die den Grundzug vieler alter Religionen bildet, die die irdische Leiblichkeit als eine Belastung und Störung der Seele empfinden und sich von der Bürde der irdischen Leiblichkeit zu befreien suchen. Die Beobachtung und Erfahrung der Hinfälligkeit der irdisch-körperlichen Existenz des Menschen, die durch den Tod demonstriert wird,

die Beobachtung der Verfallserscheinungen an der leiblichen Gestalt des Verstorbenen führen dazu, in der »Seele« den eigentlichen Menschen zu erblicken und in der bewußt geübten, willentlich kontrollierten Abwendung der »Seele« von ihrem körperlichen Kerker die religiöse Hauptaufgabe des Menschen zu erblicken. Die Betrachtung des Leibes als des Grabes der Seele ist nicht erst eine These der platonischen Philosophie: sie ist die Grundhaltung, die die östlichen Religionen wie der Hinduismus und Buddhismus mit Nachdruck vertreten. Das Über-sich-selbst-hinaus des Menschen ist dort bis zu einer Stufe fortgeschritten, in der der Wert der irdisch-leiblichen Existenz vom Jenseits der Seele her grundsätzlich in Frage gestellt wird.

Dies kann in verschiedener Form geschehen. Der chinesische Taoismus und Universismus versuchen den Menschen mit dem Faktum des Todes dadurch zu versöhnen, daß sie ihn den Tod als ein notwendiges Element der kosmischen Ordnung verstehen lehren, des ewigen »Stirb und Werde«, das den gesamten Ablauf des Lebens im Universum beherrscht und das das eigentliche Leben des Menschen, seine Seele, nicht berührt...

3 Noch an zwei anderen Punkten tritt in den Religionen die Erfahrung des Todes als schöpferischer Impuls fundamentaler religiöser Ordnungen hervor: der erste ist der Zusammenhang zwischen Tod und Opfer. Die Ergebnisse der frühgeschichtlichen Forschung weisen darauf hin, daß offenbar das Menschenopfer die Urform des Opfers ist... Das Menschenopfer ist ein Beitrag des Menschen zur Aufrechterhaltung der Ordnung des Kosmos und der Ordnung in der Gesellschaft. Erst in einer späten Phase der Entwicklung des religiösen Bewußtseins ist das Menschenopfer durch das Tieropfer abgelöst worden, während bei den Chinesen, die ja auch die Goldwährung durch Papiergeld ersetzt haben, anstelle des Opfers richtiger Menschen die Verbrennung von papierenen Menschenbildern trat. Die Theologie des Opfers reicht zurück bis in die religiöse Theorie und Praxis des frühzeitlichen Menschenopfers.

Noch bedeutsamer ist der offenbar durch das Todeserlebnis selbst aufgenötigte Zusammenhang zwischen Tod und Gericht, der aufs tiefste die Entwicklung des Rechtsbewußtseins der Menschheit beeinflußt hat. Der Tod wird spontan als der Augenblick verstanden, in dem vom Menschen Rechenschaft über sein ganzes Leben gefordert wird. Das Leben nach dem Tode erscheint als Ort der Sühne und Belohnung. Der Tod wird so zum Offenbarer der Gerechtigkeit und ist gleichzeitig das Tor zu dem Schauplatz des zukünftigen Lebens, in dem der Ausgleich der unbegreiflichen Unausgeglichenheit zwischen Belohnung des Guten und Bestrafung des Bösen im diesseitigen Leben stattfindet.

Die christliche Auffassung des Todes hat die vielgestaltige Tradition der Todesauffassung der vorchristlichen Religionen in sich aufgenommen und in eine neue Gestalt verwandelt. Auch für das christliche Verständnis ist wie für den vierhundert Jahre älteren Buddhismus der Tod die große letzte Stunde der Sammlung, der Bereitung auf das Jenseits und des Abschieds.

Entnommen aus: Ernst Benz, Die Todesvorstellungen der großen Religionen. In: Was ist der Tod? 11 Beiträge und eine Diskussion, R. Piper & Co. Verlag, München 1969, Seite 149–156 in Auszügen.

PLATON

Aus »Des Sokrates Verteidigung«
(Nach seiner Verurteilung. An die Richter gewandt, die für Freispruch waren.)

Mit denen aber, welche für mich gestimmt, möchte ich gern noch reden 4
über dies Ereignis, welches sich zugetragen, solange die Gewalthaber noch Abhaltung haben und ich noch nicht dahin gehen muß, wo ich sterben soll. Also, ihr Männer, so lange haltet mir noch aus. Nichts hindert ja, uns vertraulich zu unterhalten miteinander, solange es noch vergönnt ist. Denn euch als meinen Freunden will ich gern das erklären, was mir soeben begegnet ist, was es eigentlich bedeutet. Mir ist nämlich, ihr Richter – denn euch benenne ich recht, wenn ich euch Richter nenne –, etwas Wunderbares vorgekommen. Mein gewohntes Vorzeichen nämlich war in der vorigen Zeit wohl gar sehr häufig, und oft in großen Kleinigkeiten widerstand es mir, wenn ich im Begriff war, etwas nicht auf die rechte Art zu tun. Jetzt aber ist mir doch, wie ihr ja selbst seht, dieses begegnet, was wohl mancher für das größte Übel halten könnte und was auch dafür angesehen wird; dennoch aber hat mir weder, als ich des Morgens von Hause ging, das Zeichen des Gottes widerstanden, noch auch als ich hier die Gerichtsstätte betrat, noch auch irgendwo in der Rede, wenn ich etwas sagen wollte. Wiewohl bei anderen Reden es mich oft mitten im Reden aufhielt. Jetzt aber hat es mir nirgends bei dieser Verhandlung, wenn ich etwas tat oder sprach, im mindesten widerstanden. Was für eine Ursache nun soll ich mir hiervon denken? Das will ich euch sagen. Es mag wohl, was mir begegnet ist, etwas Gutes sein, und unmöglich können wir recht haben, die wir annehmen, der Tod sei ein Übel. Davon ist mir dies ein großer Beweis. Denn unmöglich würde mir das gewohnte Zeichen nicht widerstanden haben, wenn ich nicht im Begriff gewesen wäre, etwas Gutes auszurichten.

Laßt uns aber auch so erwägen, wieviel Ursache wir haben, zu hoffen, es 5
sei etwas Gutes. Denn eins von beiden ist das Totsein, entweder soviel als nichts sein noch irgendeine Empfindung von irgend etwas haben, wenn man tot ist; oder, wie auch gesagt wird, es ist eine Versetzung und ein Umzug der Seele von hinnen an einen anderen Ort. Und ist es nun gar keine Empfindung, sondern wie ein Schlaf, in welchem der Schlafende auch nicht einmal einen Traum hat, so wäre der Tod ein wunderbarer Gewinn. Denn ich glaube, wenn jemand einer solchen Nacht, in welcher er so fest geschlafen, daß er nicht einmal einen Traum gehabt, alle übrigen Tage und Nächte seines Lebens gegenüberstellen und nach reiflicher Überlegung sagen sollte, wieviel angenehmere und bessere Tage und Nächte als jene Nacht er wohl in seinem Leben gelebt hat: so, glaube ich, würde nicht nur ein gewöhnlicher Mensch, sondern der Großkönig selbst finden, daß diese sehr leicht zu zählen sind gegen die übrigen Tage und Nächte. Wenn also der Tod etwas solches ist, so nenne ich ihn einen Gewinn, denn die ganze Zeit scheint ja auch nicht länger auf diese Art als eine Nacht. Ist aber der Tod wiederum wie eine Auswanderung von hinnen an einen anderen Ort und ist das wahr, was gesagt wird, daß dort alle

Verstorbenen sind, was für ein größeres Gut könnte es wohl geben als dieses, ihr Richter? Denn wenn einer, in der Unterwelt angelangt, nun dieser sich so nennenden Richter entledigt, dort die wahren Richter antrifft, von denen auch gesagt wird, daß sie dort Recht sprechen, den Minos und Rhadamanthys und Aiakos und Triptolemos, und welche Halbgötter sonst gerecht gewesen sind in ihrem Leben, wäre das wohl eine schlechte Umwanderung? Oder auch mit dem Orpheus umzugehen und Musaios und Hesiodos und Homeros, wie teuer möchtet ihr das wohl erkaufen? Ich wenigstens will gern oftmals sterben, wenn dies wahr ist. Ja, mir zumal wäre es ein herrliches Leben, wenn ich dort den Palamedes und Aias, des Telamon Sohn, anträfe und wer sonst noch unter den Alten eines ungerechten Gerichtes wegen gestorben ist, und mit dessen Geschick das meinige zu vergleichen, das müßte, glaube ich, gar nicht unerfreulich sein. Ja was das Größte ist, die dort eben so ausfragend und ausforschend zu leben, wer unter ihnen weise ist und wer es zwar glaubt, es aber nicht ist. Für wieviel, ihr Richter, möchte das einer wohl annehmen, den, welcher das große Heer nach Troja führte, auszufragen, oder den Odysseus oder Sisyphos, und viele andere könnte einer nennen, Männer und Frauen: mit welchen dort zu sprechen und umzugehen und sie auszuforschen auf alle Weise eine unbeschreibliche Glückseligkeit wäre. Gewiß werden sie einen dort um deswillen doch wohl nicht hinrichten. Denn nicht nur sonst ist man dort glückseliger als hier, sondern auch die übrige Zeit unsterblich, wenn das wahr ist, was gesagt wird.

6 Also müßt auch ihr, Richter, gute Hoffnung haben in Absicht des Todes und dies eine Richtige im Gemüt halten, daß es für den guten Mann kein Übel gibt weder im Leben noch im Tode, noch daß je von den Göttern seine Angelegenheiten vernachlässigt werden. Auch die meinigen haben jetzt nicht von ungefähr diesen Ausgang genommen: sondern mir ist deutlich, daß Sterben und aller Mühen entledigt werden nun das beste für mich war. Daher auch hat weder mich irgendwo das Zeichen gewarnt, noch auch bin ich gegen meine Verurteiler und gegen meine Ankläger irgend aufgebracht. Obgleich nicht in dieser Absicht sie mich verurteilt und angeklagt haben, sondern in der Meinung, mir Übles zuzufügen. Das verdient an ihnen getadelt zu werden. Soviel jedoch erbitte ich von ihnen: An meinen Söhnen, wenn sie erwachsen sind, nehmt eure Rache, ihr Männer, und quält sie ebenso, wie ich euch gequält habe, wenn euch dünkt, daß sie sich um Reichtum oder um sonst irgend etwas eher bemühen als um die Tugend; und wenn sie sich dünken, etwas zu sein, sind aber nichts: so verweist es ihnen wie ich euch, daß sie nicht sorgen, wofür sie sollten, und sich einbilden, etwas zu sein, da sie doch nichts wert sind. Und wenn ihr das tut, werde ich Billiges von euch erfahren haben, ich selbst und meine Söhne. Jedoch, es ist nun Zeit, daß wir gehen, ich, um zu sterben, und ihr, um zu leben. Wer aber von uns beiden zu dem besseren Geschäft hingehe, das ist allen verborgen außer nur Gott.

Entnommen aus: Platon, Sämtliche Werke 1, In der Übersetzung von Friedrich Schleiermacher, herausgegeben von Walter F. Otto †, Ernesto Grassi, Gert Plamböck, Rowohlt Taschenbuch Verlag, Reinbek bei Hamburg 1957, S. 29–31.

PAUL SCHÜTZ

Die Wirklichkeit ist anders *

... In dem Bild von der Wirklichkeit, wie es sich in seiner wissenschaftlichen Gestalt gebildet hat, fehlt etwas. Es ist die kritische Frage, die ich der nachfolgenden Erkundung unserer Lage vorangehen lassen möchte: ob die Theologie ihr Amt wahrgenommen, die Wahrheit von der Wirklichkeit des Menschen zur Aussage zu bringen, auch in Stücken, die wir nicht wahrhaben wollen, weil sie für unseren Lebenswillen zerstörend, für unsere Erkenntnis absurd sind und die als »nicht existent« wegzulassen unser Wünschen alle Genialität des Verstandes und alle Virtuosität der Technik eingesetzt hat. 7

Wie sieht jene weggelassene Hemisphäre unserer Existenz aus? Sie ist der Ort, in dem jene Gegebenheiten ihren Ort haben, die unseren Lebensdrang bedrohen und mit ihm die Sicherheitssysteme, die aus dieser Bedrohung erwachsen sind: zu deren Wesen es gehört, daß sie unbemeisterbar, ja daß sie tödlich sind; die es nicht geben kann, weil sie wider die Vernunft sind und die es deshalb nicht geben darf; über die der sanfte Terror der Massenmeinung das Tabu verhängt hat. Diese Tabuhälfte des inneren Kosmos Mensch ist das Reich der Schmerzen, sind die Labyrinthe des Leidens, die das Menschheitsgeschick durchlagern, die jeder einzelne Mensch, der vom Weibe geboren ist, zu durchwandern hat auf Straßen, die unentrinnbar zum Todesort hinführen. Sie wird vom Tod geradezu dominiert, diese Hemisphäre, und das Tabu hängt die Todeswirklichkeit vor unseren Augen zu.

Wie gern hören wir die Beweise unserer Forscher, daß der Mensch ein biologisches Wesen sei! Wie gern lassen wir uns in den Raum nach unten, nach hinten zurücksinken, um uns im tierhaften Ursprung zu verstecken vor dem Geschick, ein Mensch zu sein!

Die Tabuierung des Todes

An dem Punkt, der Tod heißt, ist in den letzten zweitausend Jahren etwas 8
anders geworden... In der vorchristlichen Welt war »Schoß und Grab« noch ungetrennt beisammen. Die Religionswelt der Alten war Kult des Todes. Das »schöne Leben« der Hellenen ist mit hartem Griffel auf diesen Hintergrund gezeichnet. Ihr Mythos schöpft das Thema des Todesfluches bis zum äußersten Grauen aus. Die zarte Trauer auf den Gesichtern der einst Lebenden, wie sie, auf den etruskischen Sarkophagen hingelagert, uns anblicken, vergißt keiner, der sie sah. Die Etrusker wohnten mit den Toten in ihren Städten zusammen. Die Straßen der lebenden Stadt gingen unvermittelt in die Straßen der Totenstadt über. Totenmale sind die Pyramiden der ägyptischen Religion. Gräber die romanischen Dome des frühen Abendlandes. Plato hat die Philosophie als Nachdenken über den Tod bezeichnet. Philosophie ist Weisheitsliebe aus der Todesweisheit des Fleisches. Lehre uns den Tod bedenken, betet der Psalmist, auf daß wir weise werden. Leiden und Sterben, wie auch immer anders – lächelnd, nicht weinend – umkreisen die Religionen des fernen Ostens.

Lange hält in der Menschenwelt das Schwergewicht der Todeswirklichkeit an, am leichtesten dort, wo noch elementar gelebt wird. Die hessischen Bauern, unter denen ich lange gewohnt habe, gaben ihren Töchtern in der Brautausstattung das Totenhemd, die Totenstrümpfe für Mann und Frau und die sechs weißen Tragtücher für den Sarg mit. Es waren Gebrauchsgegenstände. Bei jedem Öffnen der Truhen sah man sie liegen. Der rasche Tod galt ihnen als Gottesgericht. Auch sie starben wahrhaftig so ungern wie alle Lebendigen. Aber von ihrem Seelsorger erwarteten sie als erste Pflicht, die Todesnähe vor ihnen nicht zu verheimlichen. Sie wollten nicht unvorbereitet sterben. Ich habe noch die ersten Zusammenstöße solcher Todesweisheit mit der modernen Illusionswelt des tabuierten Todes erlebt, wenn die Angehörigen meiner Bauern in die ferne Universitätsklinik fuhren, um von dem alten Vater, der Großmutter, den Abschied für immer zu nehmen. Ich habe erlebt, wie ihnen der Mund zugehalten, wie sie hinausgejagt wurden.

Durch die Vor-Tode der Krankheit werden wir auf den Fließbändern unserer klinischen Großapparaturen von Station zu Station an das Tabu herangeschleust. Wie Schlachtvieh unter der Bolzenpistole betäubt, taumeln wir schließlich in den Tod hinein. Heute ist das Tabu über den Tod aufgerichtet durch alle Stockwerke unseres menschlichen Hauses.

9 Anstelle der Todesangst ist die Leidensangst getreten. Eine Welterscheinung! In der Medizin entstand hier die virtuose Technik der Anästhesie, in der Pharmazie eine ganze Industrie schmerzbetäubender Mittel.

Aus klinischen Berichten (H. Hübschmann) erfährt man, daß zum Beispiel bei Herzinfarkten heute nicht mehr die Todesangst, sondern die Schmerzangst vorherrsche. Darüber hinaus aber werden noch andere Formen der Angst beobachtet, die als »soziale Angst« verstanden werden können. Der Kranke hat Angst vor den sozialen Folgen seiner Krankheit. Wer wird für die Kosten aufkommen? Wird die Versicherung bezahlen? Welche beruflichen Folgen wird seine Krankheit für ihn haben? Welche gesellschaftlichen? Der Kranke hat Angst, in seinen »Weltbezügen« beeinträchtigt zu werden. Er hat Angst, sein »soziales Gesicht« zu verlieren. Der Gedanke an den Tod ist wie verdrängt, die »kreatürliche Angst«, die ja viel mehr ist, viel elementarer ist, als es nur ein Gedanke sein kann. Es ist wichtiger, über Veränderungen in der Versicherungsgesetzgebung unterrichtet, als auf den Tod »vorbereitet« zu sein. »Die metaphysische Demenz,[1] die totale Verdrängung der Todesangst durch die Sozialangst ist sehr charakteristisch« (H. Hübschmann).

Wie es keine Existenzangst mehr gibt, so auch keine Existenzschuld. Wir haben unsere Schuld gleichsam delegiert an die Umstände, an die Verhältnisse, an die Eltern, man könnte auch sagen – an die anderen. Und merken nicht, daß wir mit der Schuld auch unser Selbst und damit unsere Freiheit an das »Prestige«, an die »Gesellschaft«, an die »Erbmasse« abgetreten haben.

10 Die Schmerzangst der modernen Menschen hat auch einen politischen Bezug. Sie macht uns so hochempfindlich den Terrortechniken der Diktatu-

---

[1] Demenz: Verlust früher vorhandener Intelligenzfunktion.

ren gegenüber. Diese haben eine Art von Gegenkunst der Schmerzerzeugung in der Folterung erfunden, wie sie in den Konzentrationslagern, in den Kellern der geheimen Polizeien der ganzen Welt zur Perfektion gebracht wurde. Nicht Angst vor dem Tode, sondern Angst vor der Todesart, vor dem Grad ihrer Schmerzsteigerung – und -tiefe war das Entscheidende.
Diese Verdrängung der Todesangst bei den Erleidenden hat aber auch eine Entsprechung bei denen, die töten. Auch bei ihnen ist der Tod wie entwertet, wie in das Nichtwirkliche abgeschoben.
Im Mittelalter stand der Henker außerhalb der Gesellschaft, sein Beruf war geächtet. Hier war der Tod noch qualifiziert als ein Urgeschehen, das in die Zone des Unverfügbaren hinabreichte oder aus ihr hervorbrach. Tötung war eine Befleckung, die aus der Antastung des Unantastbaren folgte. Anders die Massenhinrichtungen in den totalitären Regimen im Zeitalter der Massengesellschaft. Hier setzten sich die Henkerbataillone aus Familienvätern und Biedermännern zusammen. Die Voraussetzung war hier die Einschätzung des Todes als quantité négligeable, als einer nur quantitativen Größe. Sie konnte ins Ungemessene gesteigert werden, bar jeden qualifizierten Charakters, etwa als menschliche Befleckung oder Frevel gegen Gott.
Alle Dinge hängen zusammen. Wir suchen uns dieser Verflechtung in ein Unverbindliches hinaus zu entziehen. Aber diese Entlastung ist ein Trick, eine Scheinmanipulation. Wie im Guten, so hängen wir auch im Bösen mit allem Geschehen zusammen. Unser Distanznehmen von den Massenmorden ist der pharisäische Versuch, uns vor der verborgenen Mitschuld, die existentielle Schuld ist, zu entlasten. Wir sind mitschuldig durch die Unterschlagung des Todes als eines Urphänomens menschlicher Existenz...
Die Einblicke, die sich vom Erlöschen der Todesangst im modernen Menschen in seine innere Verfassung ergeben, zeigen Veränderungen im Wesen des Menschen an, die bisher unbekannt waren und deren Folgen nicht vorausgesehen werden können... Wir entsetzen uns über Auschwitz und fragen, »wie war das möglich?« Es war möglich, weil schon lange vorher der Tod tabuiert, das Böse banalisiert worden war. Erst die Lüge dieser Banalität hat Auschwitz möglich gemacht.

Das Leben – der »Güter höchstes«?

Hatte nicht einmal ein deutscher Dichter gesagt, es sei das »Leben« der 11
»Güter höchstes nicht«! Und dann im Nachsatz: der Übel aber größtes sei die Schuld? Unvollziehbar in unserem heutigen Bewußtsein! Evolution ist für uns Evolution des Lebens, und Ziel des Lebens ist wiederum Leben...
Seitdem sich der Mensch in der Wissenschaft in die Macht eines Halb-Gottes versetzt sieht, ist er auf der Traumstraße in die Glücksräume ungeahnter technischer Paradiese im Vormarsch. Er hat die Verwirklichung des Gottesreiches in den »totalen Revolutionen« der Neuzeit in die eigene Regie genommen. Er wird das Geheimnis der Lebensentstehung in den Griff bekommen. Er entdeckt sich als Biotechniker. Er wird die Krankheit

ausrotten aus seiner Welt. Er wird eine Welt ohne Leiden in einer neuen Gesellschaftsordnung heraufführen. Leiden nicht mehr als Schicksal, das der Mensch hinzunehmen hat! Recht auf Glück besteht für einen jeden, wie es in der amerikanischen Unabhängigkeitserklärung von 1776 heißt. Zu den unveräußerlichen Rechten, vom Schöpfer verbürgt, gehört nach ihr »das Leben, die Freiheit und das Streben nach Glück« – pursuit of happiness. Und in den »Grundlagen des Marxismus-Leninismus« heißt es, die kommunistische Gesellschaft eröffne »der Menschheit unbegrenzte Möglichkeiten, das Leben zu genießen, seine Freuden voll auszukosten«.

Der Versuch, mit jedem Mittel sich dem Leiden zu entziehen, ist in einer solchen Welt legitim. Wo das Leben »der Güter höchstes« ist, wird die Schuld zum kleinen Übel, verschwindet sie schließlich ganz. Mord wird Liebestat, wo eine verzweifelte Mutter ihr Kind tötet, weil es verkrüppelt geboren ist, wie in Lüttich und Frankfurt mit ärztlicher Hilfe geschehen; oder ein Vater seinen geisteskranken Sohn vergiftet, wie in München.

Die Urweisheit des alten Mythos ist vergessen, der noch weiß, daß die Schlange ihr Unheil unter der Gestalt des Heils anbietet. Dieses Sich-Anbieten des Unheils unter der Maske des Heils hat unsere Generation dreimal hintereinander erfahren. Es wäre ein Verbrechen, das nicht auszusprechen.

1914 – Vaterland, 1933 – Drittes Reich, 1965 – Welt-Friede. Und jedesmal war da der Enthusiasmus, der sich jeder Selbstkritik verschloß, Freunde zu Feinden machte, Mann und Weib, Vater und Sohn trennte, die Besten unserer Zeit von Sinnen sein ließ.

Wie ein lautloser Schneefall rieseln heute die Großen Worte aus unseren Massenmedien hernieder: Friede! Toleranz! Nächstenliebe! Brüderlichkeit aller Welt Enden! und begraben die Wahrheit unserer Wirklichkeit unter ihrem Leichentuch. Eine idealistische Wunschlüge unserer aufgeklärten Daseinsplatitüde! Wo keine »Unterscheidung der Geister« mehr sein darf, wo keine Bereitschaft mehr ist, nach der Wahrheit zu fragen, für sie Verwundung zu empfangen und ihren Fälscher zu verwunden, da neigt sich die Welt ihrem Todesschlaf entgegen. Der Geist gleitet lautlos in seine Entropie[2] hinein. Ein Endphänomen geschichtlichen Daseins müssen wir in solcher Verlarvung des Unheils vermuten. »Beide, Propheten und Priester, verstehen sich aufs Lügen. Mit Lügen trösten sie mein Volk. Sie sagen, es solle sein Unglück gering achten. Sie sagen Friede! Friede! Und ist doch kein Friede« (Jes 6,13,14). Christus selbst sieht seinen Widersacher in der Welt Boden gewinnen in seiner eigenen Gestalt: als Gegen-Christus. Darum der unablässige Hornruf: Wachet! Wachet!, den er seinen Jüngern nachschickt.

Ein Ruf von andringender Gegenwärtigkeit. Dieses Doppelgesicht im Zwielicht unseres Welttages ist das Gesicht unserer Tage. Zu keiner Zeit überschattete Unheil in Heilsgestalt so täuschend mächtig ein Jahrhundert wie das unserige, in dem Ideologie das Rauschgift auf der Traumstraße der politischen Heilsreligionen geworden ist.

---

[1] Entropie: Energieverlust.

Die Diktatur des Lebenstriebs hat uns auf der ganzen Erde überrannt. Nur noch, was dieser Raster faßt, das gibt es. Alles andere fällt zwischen durch. Wir bilden nur noch die Vorstellungen, wie sie die gußeisernen Matrizen des modernen Bewußtseins vorprägen. Unser Wahrnehmungsvermögen liegt unter örtlicher Betäubung, und zwar nach der anderen Hälfte der Welt hin, die Grab, nicht Schoß heißt. Nach dorthin sind wir farbenblind.

Daß Leiden und Tod zur Grundverfassung der Menschenexistenz schlechthin gehört, darf man nicht mehr sagen.

Wo liegen die Ursachen für diesen Prozeß?

Zwei entgegengesetzte Bewegungen bündeln sich hier. Viktor von Weiz- 12
säcker weist darauf hin, daß in der technischen Zivilisation dank der Daseinserleichterung die Bereitschaft des Menschen zu leiden sich verkehre in den Anspruch, vom Leiden befreit zu werden. Dieses Entlastungsbegehren des Menschen wird zugleich von der entgegengesetzten Seite her verstärkt durch die Überlastung des Menschen in der gleichen technischen Zivilisation. So kommen Scheinlösungen durch Selbsttäuschungen zustande, Entlastungsversuche, die zugleich zerstören, Therapien, die verkappte Krankheiten sind.

Die Welt ist anders. Der Mensch ist anders. Wir entrinnen uns nicht. So treiben wir, narkotisiert, dem Ende entgegen, zugleich mit der Auflösung unserer Widerstandskraft der rettenden Bindung beraubt. Schließlich sind wir im Tod der letzten steinernen Wirklichkeit nackend preisgegeben.

Aber eben darum wird der Tod und alles, was mit ihm gesetzt ist, tabuiert. Das Tabu gilt nicht mehr dem Schoß, es gilt dem Grab. Etwas Merkwürdiges ist vorgegangen. Das Geschlechtliche ist befreit. Der Makel des Obszönen weicht von ihm. Prüderie ist ein Laster geworden. Das Tabu über dem Schoß ist weggehoben und auf das Grab gelegt. Was einst Prüderie vergangener Zeiten war, und dem Schoß galt, gilt nun dem Grab. Über den Tod spricht man nicht. Über meinen und deinen, über den konkreten Tod. Aber über den Tod der anderen, über den abstrakten, den statistischen Tod, den Foto-Tod, den Fernseh-Tod; den – so könnte man sagen – in den Massenmedien »verbalisierten«, zum Geschwätz gewordenen Tod...

Wir haben uns vom Tode fortgelogen. Diese Illusion ist eine Letzt-Situation, hinter der nichts mehr kommt.

Daß wir unser Altwerden nicht mehr verkraften, hängt mit dieser Entwicklung des Todes zusammen.

Während unsere Bildliteratur nur strahlende Jugend zeigt und in den Gesellschaftsspalten unserer Zeitungen nur noch »jugendliche« Jubelgreise gefeiert werden, vollzieht sich unter der Decke lautlos die Katastrophe der alten Menschen, die das Altwerden nicht mehr meistern.

Ein Arzt mit besonders weitreichender Erfahrung machte mich jüngst auf die wachsende Zahl von Selbstmorden alter Menschen aufmerksam. Der Zerfall der Existenz nicht nur körperlich, auch geistig und seelisch, die Einsamkeit, unheilbare Leiden und schließlich der Tod in Verlassenheit, ohne die wärmende Nähe eines liebenden Menschen im letzten Erkalten, stelle die schwerste aller Prüfungen dar, die dem Menschen heute auferlegt sei, ohne daß er noch die Kraft besäße, sie zu bestehen...

Entnommen aus: Paul Schütz, Evangelium. Sprache und Wirklichkeit der Bibel in der Gegenwart. Furche-Verlag, Hamburg 1966 (Ges. Werke) und 1972 (Sonderausgabe), Seite 116–124 in Auszügen.

VITEZSLAV GARDAVSKY

Metaphysik des Atheismus

13 Der Marxismus als Atheismus weiß, daß der Mensch zwar viele empirische, aber wohl nur zwei Gewißheiten metaphysischen Ranges besitzt: Ich bin ein gesellschaftliches Wesen, das sich zu transzendieren vermag; und ich habe die absolute Sicherheit des Todes.

Diese zwei Sicherheiten bedingen einander wechselseitig: Weil ich sterblich bin, bin ich auch gesellschaftlich; die Gesellschaft kann leben, sich entwickeln und sich humanisieren, weil ihre einzelnen Mitglieder sterben. Das ist eine ausschließlich menschliche Bedingtheit.

Beide Sicherheiten sind tief widersprüchlich: Der Tod nimmt mir alles, auch mich selbst, aber die Gesellschaft wird weiterleben. Ihr Leben, weil es dauernd durch den Tod ihrer Mitglieder belastet ist, ist niemals absolut gesichert und infolgedessen auch nie vollendet. Sie hat kein Eschaton [1].

Mein Tod, obwohl er für mich ein Ende meiner Hoffnung ist, läßt die Hoffnung der anderen, der Gesellschaft, unberührt. Das Leben der Gesellschaft ist eine andauernde Überwindung der Enttäuschung und der Hoffnungslosigkeit.

Dem darin beschlossenen Widerspruch kann man auf keine Weise entkommen: weder so, daß wir dem individuellen Leben einen absoluten Wert zuschreiben, noch so, daß wir es völlig in überdauernder menschlicher Kollektivität aufgehen lassen. Das Individuum ist unersetzlich. Die Existenz der Gesellschaft nimmt dem Individuum seine Unersetzlichkeit nicht ab, sondern setzt sie voraus.

Diese Gedanken sollen nicht als billiger Optimismus aufgefaßt werden. Der individuelle Tod ist *mein* Tod, das kann auf keine Weise abgeschafft werden. Er ist meine sichere Zukunft und im Grunde das einzige absolut sichere Ereignis des menschlichen Lebens. Seine Schwere, alles das, warum das menschliche Leben als die Qual der Endlichkeit bezeichnet werden mußte, folgt nicht aus dem rein Individuellen, sondern daraus, daß wir in überindividuelle Beziehungen eingespannt sind. Das Tier stirbt ohne diese Qual; ein Säugling ebenso. Nur die gesellschaftlich engagierten Menschen erleben sie.

14 Aus diesem Grunde findet die Erwägung des Todes keinen Ausweg – außer in die Mystik –, wenn sie nicht gleichzeitig eine Erwägung der Relation zwischen dem Individuum und der Gesellschaft ist. Der Tod ist schrecklich

[1] Eschaton: hier gleichbedeutend mit: absolutes Ziel; vgl. auch eschatologisch (griech.): Ende und Ziel der Welt betreffend.

durch den Verlust dieser Relation: Ich höre auf, ein Schnittpunkt solcher Beziehungen zu sein. Desto wesentlicher ist es, daß ich mit dem aktuellen Bewußtsein dieser sicheren Zukunft lebe; daß ich mein Leben so führe, daß ich in jeder Beziehung, die mich angeht, das Maximum meines Lebens hineinlege; nach den Worten des Marcus Aurelius: so, als ob ich schon morgen sterben sollte.

Wer an Gott und die unsterbliche Seele glaubt, hat auch in seinem allerletzten Augenblick noch einen Funken der Hoffnung: er verschiebt noch um einen Bruchteil einer Sekunde seinen Tod. Diese Hoffnung habe ich nicht. Darum erscheinen mir alle meine Beziehungen in ihrer durchsichtigen, illusionslosen Reinheit. Jede von ihnen trägt an sich das Zeichen des Todes. Jede von ihnen hat für mich einen unwiederholbaren Wert, sie ist unvertauschbar. Jedes Zusammentreffen mit den Menschen ist für mich als ein endliches Individuum eine Gabe: Es kann die allerletzte sein. Und auch ich bin einem jeden diese selbe Gabe – wenn ich etwas zu geben habe.

Die atheistische Theorie der Subjektivität ist im Bereich des Individuums durch das Faktum und durch die Reflexion des Todes getragen; sie ist aber keine Theorie der zersetzenden Hoffnungslosigkeit. Ganz im Gegenteil: Sie ist der Ort, wo die Subjektivität als *sich transzendierende Aktivität* entsteht – als eine Aktivität, die Hoffnung besitzt, weil sie Hoffnung gibt, die gesucht wird, weil sie selber die anderen sucht, die beschenkt wird, weil sie schenkt.

Erst das Individuum, das sich auf solche Weise seines sicheren Todes bewußt wird, ist gesellschaftlich unvertauschbar. Selber ohne Hoffnung auf die Ewigkeit, dem Tode bloßgestellt, werde ich hoffnungsvoll für die, die mich überleben. Gewiß, auch ihr Leben endet mit dieser Privation der Hoffnung. Aber nur um diesen höchsten Preis, um den Preis der persönlichen Niederlage, hält die Hoffnung als eine Unentbehrlichkeit des menschlichen Lebens durch – als Hoffnung der menschlichen Gesellschaft auf die Zukunft.

Wenn wir alle mit dem Augenblick der Geburt geschlagen sind und wenn trotzdem der Menschheit die Hoffnung anhaftet, dann ist dieses Paradox ein Beweis der *Gesellschaftlichkeit* des Menschen. Alles in uns drängt zur Verkennung des Todes: alles, was uns ohne gesellschaftlichen Zusammenhang läßt. Erst indem wir das menschliche Los des Todes freiwillig auf uns nehmen, werden wir zu Menschen, die die menschliche Hoffnung am Leben erhalten und damit die Menschheit überhaupt, ihre Pläne, ihre Projekte, ihr Ringen, auch ihre Illusionen und Fiktionen.

Je größer der objektive Wert dessen ist, wessen uns der Tod beraubt (er beraubt uns auch der Illusion über unseren eigenen Wert), desto größer ist unsere persönliche Niederlage, desto größer ist aber auch die Bedeutung dessen, was den überlebenden überindividuellen Strukturen eingeprägt verbleibt.

Aber das kann und das darf für den Atheisten kein *Trost* sein! Das alles bereitwillig auf sich zu nehmen, scheint mir des Lebens Wert zu sein: zu arbeiten, als ob ich hienieden ewig verbleiben sollte.

15 Der Marxismus ist also wesentlich nicht-eschatologisch: Er hält den Kommunismus nicht für ein absolutes Ziel – in dem Sinne, daß alles übrige im Vergleich zu ihm ein Werkzeug wird; auch nicht in dem Sinne, daß der Kommunismus zu einem Endstadium der Menschheit wird; und schließlich nicht in dem Sinne, daß die Zukunft des Kommunismus schon heute eine absolute Sicherheit der Geschichte sein könnte, so daß unsere aktive Existenz eigentlich irrevelant wäre.

Daraus folgt, daß vor dem Marxisten als Atheisten keine absolute, sondern eine *offene Zukunft* liegt. Sie bleibt offen im Sinne aller menschlichen Möglichkeiten und auch im Sinne der Unsicherheit, ob sie überhaupt sein wird. Ein jedes Ziel, und in ihm ein jedes Projekt der Freiheit, ist also dieser offenen Zukunft »freigestellt«. Die Arbeit, die der marxistische Atheist mit der schlichten Demut des Arbeiters an der Geschichte unternimmt, wird durch dieses innere Drama getragen.

Entnommen aus: Erich Kellner (Hrsg.), Gespräche der Paulus-Gesellschaft 3: Schöpfertum und Freiheit in einer humanen Gesellschaft. Marienbader Protokolle, Europa Verlag, Wien 1969, S. 253–255.

MARGARETTA K. BOWERS

Die Isolation des Sterbenden *

16 Die Griechen lehrten, daß das schrecklichste Übel nicht das Sterben sei, sondern das allein durchlittene Sterben. Demgemäß sollte der sterbende Patient von seinen Freunden, Verwandten oder dem Krankenhauspersonal nicht mehr als unbedingt nötig isoliert werden...

Viele sind der Ansicht, daß das Gefühl der Entfremdung und die tiefe Einsamkeit des Patienten verstärkt werden, wenn man das Problem übergeht, ob er sterben wird. Diese Ansicht wurde von Tolstoi in »Der Tod des Iwan Iljitsch« ausführlich dargestellt. Die Patienten fühlen sich oft der Familie entfremdet, wenn diese ihnen nicht die Wahrheit sagt – eine Wahrheit, die sie vermuten. Ärzte wie Weisman und Hackett von der Harvard-Universität glauben, daß menschliche Nähe und Wärme die einzigen Heilmittel sind, da das Sterben eine einsame Angelegenheit ist. Dementsprechend befürworten sie die Wahrheit als richtige Einstellung im Umgang mit dem Patienten.

»Wir wollen damit nicht sagen, der Arzt müsse dem Patienten in schonungsloser Form mitteilen, daß er eine tödliche, unheilbare Krankheit hat und innerhalb eines Monats »erledigt« sein wird. Die Wahrheit hat viele Gesichter; ein jedes davon kann so verwendet werden, wie es erforderlich ist. Auch darf die Wahrheit unter diesen Umständen nicht jeden Hoffnungsstrahl gänzlich auslöschen. Die Hoffnung auf eine Besserung geht nie verloren, selbst wenn eine Heilung unmöglich ist... Wahrheit und Hoffnung schließen einander nicht aus...«

Tolstoi hob dies in »Der Tod des Iwan Iljitsch« hervor: »Die Hauptqual für Iwan Iljitsch war die Lüge – ... daß man nicht eingestehen wollte, was alle wußten und was auch er wußte, daß man ihn über seine entsetzliche Lage mit Lügen hinwegtäuschen wollte und ihn selbst zwang, diese Lüge mitzu-

machen... Und so am Rande des Abgrundes mußte er allein leben, ohne einen Menschen zu haben, der ihn verstanden und bedauert hätte.«...
Mit untrüglicher Sicherheit erfaßt der Patient gewöhnlich unsere Ängste im Blick auf den Tod, unseren abwehrenden Zynismus, der aus unserem Gefühl der Hilflosigkeit angesichts des Todes heraus entstanden ist, und unser Bestreben, uns zurückzuziehen. Er wird auf eine solche Atmosphäre damit reagieren, daß er sich ebenfalls zurückzieht, und die Gelegenheit, Trost und ein Gefühl der Gemeinschaft zu geben, ist verpaßt. (111–113)

*Masken als Abwehrmechanismen**
Hinter welchen Masken verbirgt sich der Arzt, um sich vor einer echten 17
Begegnung mit dem Patienten von Mensch zu Mensch zu schützen?
Die Fachsprache kann zur Maske werden. Der Arzt weiß, was er sagt, ist aber ganz sicher, daß die Worte, die er gebraucht, für den Patienten wenig oder gar keinen Sinn haben. Hier verstößt die Sprache gegen ihre Funktion, da sie den Sinn des Gesagten eher verschleiert als ihn mitzuteilen. Das befriedigt vielleicht die Bedürfnisse des Arztes, aber die Bedürfnisse des Patienten werden mißachtet.
Unter der Maske des Zynismus werden die Dinge, die dem Patienten heilig sind, durch die Haltung des Arztes in den Staub gezogen oder gemein gemacht...
Es gibt die Maske der Requisiten. In diesem Fall besteht die Abwehr darin, daß immer etwas Gegenständliches zwischen dem Arzt und dem Patienten bleibt. Das kann eine Sauerstoffmaske, ein Stethoskop oder eine subkutane Spritze sein. Was es auch sei, es wird zu einem Punkt, der die Aufmerksamkeit auf sich zieht, der die empfindsame Seele des Arztes gegen die Gefühle und die Angst des Patienten abschirmt und es dem Arzt ermöglicht, in seiner Arbeit fortzufahren, geschützt vor einer direkten Begegnung mit dem Patienten.
Es gibt die Maske der Unpersönlichkeit. Der Patient gerät nur als Fall oder als Krankheit ins Blickfeld... Die Tendenz, sich lieber auf die Krankheit als auf den Patienten zu beziehen, gibt dem Arzt die Möglichkeit, sich nur mit dem Teil der Person zu beschäftigen, bei dem er sich sicher fühlt...
Weiter gibt es die Maske der ritualisierten Handlungen. Der Arzt kann das Zimmer betreten und den Puls fühlen. Das ist ein Kontakt, der den Patienten vielleicht ermutigt, ohne in Wirklichkeit für den Arzt persönlich viel zu bedeuten. Andere Zeremonien sind vor allem im Operationssaal und im Sektionsraum verbreitet. Es handelt sich hier um festgefügte Verhaltensweisen, die zwischen der Person des Therapeuten und der Person des Patienten stehen.
Die Maske der Krankenhausroutine nimmt dem Patienten fast unmerklich jene Aspekte seines Lebens, die seine Persönlichkeit und seine Würde bestimmen. Der Verlust des Privatlebens wird vom Patienten gewöhnlich als selbstverständlich betrachtet, die fortwährende Veränderung seiner Lebensweise ist jedoch ein Mittel, um ihn zu etwas Geringerem zu machen als die Persönlichkeit, die er war...
Schließlich gibt es die Maske der »Es-Es«-Beziehung. Wenn der Mensch

zum Fall wird, fällt es dem Arzt leicht, die Rolle eines Verteilers exakten, medizinischen Wissens zu übernehmen. An diesem Punkt wird er im gleichen Maße zu einem »Es« wie der Patient...

18 Nirgendwo in der Beziehung zwischen Patient und Arzt werden die Masken mit solcher Gewißheit getragen wie bei der Begegnung mit dem sterbenden Patienten. Neben den üblichen Masken gibt es hier das Beruhigungsmittel, das verabreicht werden kann, um den Patienten und sein unangenehmes Verhalten weiter von jeder Beziehung zu entfernen, die zwischen ihm und den Menschen um ihn her bestehen könnte. Wenn man ein Beruhigungsmittel verordnet, ist das in Wirklichkeit oft gleichbedeutend damit, daß man zu dem Patienten sagt: »Wenn Du schon sterben mußt, dann gehe bitte, und zwar leise, solange ich nicht hinschaue.« ...
Wenn der Therapeut einen echten Gedankenaustausch mit dem Patienten beginnt, verläßt er den Standpunkt der Autorität, da er keine Autorität gegenüber dem Tod hat, und den der Allmacht, da niemand die endgültige Wirklichkeit des Todes leugnen kann. Alle stehen ohnmächtig vor seinem Geheimnis. Indem der Therapeut sich jedoch so verhält, befreit er sich von den Ängsten, die seinen Sinn für die Wirklichkeit verfälschen, und von einer Handlungsweise, die ihn gerade von jenen Menschen trennt, denen er helfen will. (60–63)

Entnommen aus: Margaretta K. Bowers [u. a.], Wie können wir Sterbenden beistehen? Chr. Kaiser Verlag/Matthias-Grünewald-Verlag, München/Mainz ²1971, Seitenangaben beim Text.

Der christliche Glaube vor dem Geheimnis des Todes

Die Rätsel Gottes sind befriedigender als die Lösungen der Menschen. *Gilbert Keith Chesterton*

OSCAR CULLMANN

Der letzte Feind: der Tod
Sokrates und Jesus

19 In Platos eindrucksvoller Beschreibung vom Tod des Sokrates im »Phaidon« steht wohl das Höchste und Erhabenste, was je über die Unsterblichkeit der Seele gelehrt worden ist. Gerade die wissenschaftliche Zurückhaltung, der Verzicht auf einen Beweis von mathematischer Gültigkeit verleiht seiner Argumentation einen unübertrefflichen Wert. Wir kennen die Gründe, die er für die Unsterblichkeit der Seele angibt: Unser Körper ist nur ein äußeres Gewand, das, solange wir leben, unsere Seele daran hindert, sich frei zu bewegen und ihrem eigenen ewigen Wesen gemäß zu leben. Er zwingt ihr ein Gesetz auf, das nicht für sie gilt. So ist die Seele im Körper eingeengt wie in einer Zwangsjacke, einem Gefängnis. Der Tod aber ist der große Befreier. Er führt die Seele aus dem Gefäng-

nis in ihre ewige Heimat zurück. Da Körper und Seele zwei verschiedenen Welten angehören, so kann die Zerstörung des Körpers nicht Zerstörung der Seele bedeuten, sowenig ein Kunstwerk zerstört werden kann, wenn das Instrument zerstört wird. Obwohl die Beweise für die Unsterblichkeit der Seele für Sokrates selber nicht den gleichen Wert haben wie die Beweise für einen mathematischen Lehrsatz, so erlangen sie doch in ihrem Bereich den höchst möglichen Gültigkeitsgrad und machen die Unsterblichkeit so wahrscheinlich, daß sie für den Menschen ein »schönes Wagnis« bedeutet.

Diese Lehre hat der große Sokrates nicht nur gelehrt, als er an seinem Todestage mit seinen Schülern im philosophischen Gespräch allen Gründen für die Unsterblichkeit nachging. Er hat sie in diesem Augenblick gelebt. Er hat gezeigt, wie wir gerade durch die Beschäftigung mit den ewigen Wahrheiten der Philosophie schon jetzt der Befreiung der Seele dienen. Denn durch die Philosophie dringen wir ja bereits ein in jene ewige Welt der Ideen, der die Seele angehört, und wir erlösen sie so aus dem Kerker des Lebens. Der Tod ist dann nur noch der Vollender der Befreiung. Plato zeigt uns, wie Sokrates in völliger Ruhe und Gelassenheit in den Tod geht. Der Tod des Sokrates ist ein schöner Tod. Von Todesschrecken ist hier nichts zu merken. Sokrates kann den Tod nicht fürchten, da er uns ja vom Körper erlöst. Wer den Tod fürchtet, beweist nach seiner Lehre, daß er die Welt des Körpers liebt, daß er ganz in die Welt der Sinne verstrickt ist. Der Tod ist der große Freund der Seele. So lehrt und so stirbt in wunderbarer Harmonie mit seiner Lehre dieser Mann, der das Griechentum in seiner edelsten Form verkörpert. Und nun hören wir, wie Jesus stirbt. In Gethsemane weiß er, daß ihm der Tod bevorsteht, so wie Sokrates an seinem Todestage den Tod erwartet. Die synoptischen[1] Evangelien bieten im großen und ganzen einen übereinstimmenden Bericht. Jesus beginnt »zu zittern und zu zagen«, schreibt Markus (14,34). »Meine Seele ist betrübt bis in den Tod«, sagt er zu den Jüngern. Jesus ist so ganz und gar Mensch, daß er die natürliche Furcht vor dem Tode teilt, ja als der göttliche Menschensohn und Gottesknecht viel schrecklicher als andere empfinden muß. Er hat Angst, nicht etwa wie ein Feigling vor den Menschen, die ihn töten, noch weniger vor den Schmerzen, die dem Tod vorausgehen, sondern vor dem Tode selbst. Denn der Tod ist für ihn nichts Göttliches. Er ist etwas Schreckliches. Jesus will in diesem Augenblick nicht allein sein. Wohl weiß er, daß der Vater ihm beisteht. Vor ihn tritt er in diesem entscheidenden Augenblick wie in seinem ganzen Leben. Vor ihn tritt er mit seiner Furcht vor dem großen Feind. Es hilft nichts, diese Angst Jesu mit allerhand künstlichen Erklärungen aus dem Evangelienbericht wegdeuten zu wollen. Die Feinde des Christentums, die schon im Altertum den Kontrast zwischen Sokrates' und Jesu Tod hervorgehoben haben, haben hier richtiger gesehen als christliche Ausleger. Jesus zittert wirklich vor dem großen Feind Gottes. Nichts von der Gelassenheit des Sokrates, der ruhig dem Tod als einem Freund entgegengeht. Jesus fleht zu Gott, daß er es ihm erspare, durch den Tod hindurchgehen zu müssen. Wohl weiß er schon vorher von der ihm aufgetragenen Aufgabe, den

Tod zu erleiden, und schon vorher hat er das Wort gesprochen: »Ich habe eine Taufe, mit der ich getauft werden muß, und *wie ist mir angst,* bis sie vollendet ist« (Lukas 12,50). Aber jetzt, wo der Feind Gottes vor ihm steht, fleht er zu Gott, dessen Allmacht er kennt: »Alles ist dir möglich, laß diesen Kelch an mir vorübergehen« (Markus 14,36). Und wenn er dann hinzufügt: »aber nicht, wie ich will, sondern wie du willst«, so soll das nicht heißen, daß er letzten Endes den Tod doch als Freund, als den Befreier ansieht wie Sokrates. Nein, er will damit nur sagen: Wenn aber dieses Allerschrecklichste, nämlich der Tod, mir nach deinem Willen widerfahren muß, so unterwerfe ich mich diesem Schrecklichsten.

20 Jesus weiß, daß der Tod an und für sich, weil er der Feind Gottes ist, größte Verlassenheit bedeutet. Darum fleht er zu Gott, er will angesichts dieses Feindes Gottes nicht allein sein. Und doch gehört es sozusagen zum Wesen des Todes, daß er uns von Gott trennt. Wer in seinen Händen ist, ist nicht mehr in den Händen Gottes, sondern seines Feindes. Jesus will mit Gott so fest verbunden bleiben, wie er es in seinem ganzen irdischen Leben gewesen ist. Aber er sucht in diesem Augenblick nicht nur den Beistand Gottes, sondern sogar den der Jünger. Immer wieder unterbricht er sein Gebet und geht zu seinen intimsten Jüngern, die gegen den Schlaf zu kämpfen versuchen, um wach zu sein, wenn sie kommen, um ihren Meister festzunehmen. Sie versuchen es, aber es gelingt ihnen nicht, und Jesus muß sie immer wieder wecken. Warum will er, daß sie wachen? Er will nicht allein sein. Sogar von den Jüngern, deren menschliche Schwäche er doch kennt, will er nicht verlassen sein, wenn der Tod, der schreckliche Feind Gottes, sich auf ihn stürzt. Er will vom *Leben* umgeben sein, vom Leben, das in seinen Jüngern ist. »Könnt ihr nicht eine Stunde mit mir wachen?«

Kann es einen größeren Kontrast geben als den zwischen Sokrates, der wie Jesus an seinem Todestage seine Jünger um sich hat, aber mit ihnen in erhabener Ruhe über die Unsterblichkeit diskutiert, und Jesus, der einige Stunden vor seinem Tode zittert und bebt und seine Jünger anfleht, sie möchten ihn nicht allein lassen? Der Hebräerbrief, der mehr als jede andere neutestamentliche Schrift die völlige Gottheit (Kapitel 1,10), aber auch die völlige Menschheit Jesu betont, geht in seiner Beschreibung der Angst Jesu vor dem Tode noch über die drei synoptischen Berichte[1] hinaus: Jesus habe *mit großem Geschrei und mit Tränen* seine Bitten und Flehen vor den gebracht, der ihn retten konnte (Hebräer 5,7). Nach dem Hebräerbrief hat also Jesus vor dem Tode geschrien und geweint! Dort Sokrates, der ruhig und gelassen über die Unsterblichkeit der Seele spricht; hier der schreiende und weinende Jesus. Und dann die Todesszene selbst. Mit erhabener Ruhe trinkt Sokrates den Schierlingsbecher. Jesus aber »schreit« mit dem Psalmwort: »Mein Gott, mein Gott, warum hast du mich verlassen?« Und mit einem andern, unartikulierten Schrei stirbt er (Markus 15,37). Das ist nicht der »Tod als Freund«. Das ist wirklich der »letzte Feind« Gottes. So heißt ihn Paulus in 1. Korinther 15,

[1] Die Berichte der Evangelisten Mattäus, Markus und Lukas.

26, und da tut sich der ganze Gegensatz zwischen Griechentum einerseits, Judentum und Christentum anderseits auf. Als letzten Feind sieht ihn auch der Verfasser der Johannesapokalypse an, wenn er beschreibt, wie er am Ende in den Feuerpfuhl geworfen wird (Kapitel 20,14).

Weil der Tod der Feind Gottes ist, *trennt* er uns von Gott, der *Leben* und 21
Schöpfer allen Lebens ist. Jesus, der so ganz mit Gott verbunden ist, so verbunden, wie kein anderer Mensch es sein kann, muß den Tod gerade deshalb viel schrecklicher empfinden als jeder andere Mensch. Jesus muß dieses Verlassensein, das Geschiedensein von Gott, den einzig wirklich zu *fürchtenden* Zustand, ganz anders erfahren als andere Menschen. Darum schreit er mit dem Psalmisten zu Gott: »Warum hast du mich verlassen?« Er ist jetzt in den Händen des großen Gottesfeindes. Wir müssen dem Evangelisten dankbar dafür sein, daß er hier nichts beschönigt hat.

Nichts zeigt den radikalen Unterschied zwischen der griechischen Lehre von der Unsterblichkeit der Seele und der christlichen Lehre von der Auferstehung besser als diese Gegenüberstellung von Sokrates und Jesus. Weil Jesus wirklich den Tod in seinem ganzen Grauen durchmacht, nicht nur an seinem Leibe, sondern gerade auch an seiner Seele (»Mein Gott, mein Gott, warum hast du mich verlassen?«), darum muß er, sofern er von den ersten Christen als der Heilsmittler angesehen wird, derjenige sein, der den Tod selbst in seinem Tode *besiegt.* Wo der Tod als der Feind Gottes aufgefaßt wird, da kann es keine »Unsterblichkeit« geben ohne ein reales Christus-Geschehen, ohne eine *Heilsgeschichte,* deren Mitte und Ende der Sieg über den Tod ist. Diesen Sieg kann Jesus nicht davontragen, indem er einfach als unsterbliche Seele weiterlebt, also im Grunde *nicht* stirbt. Er kann den Tod nur besiegen, indem er wirklich stirbt, sich wirklich in den Bereich des Todes, des Lebenszerstörers, der Gottverlassenheit, begibt. Wenn man jemanden besiegen will, so muß man sich in seinen Bereich begeben. Wer den Tod selbst besiegen will, muß sterben, aber noch einmal: wirklich aufhören zu leben, nicht einfach weiterleben als unsterbliche Seele, sondern das kostbarste Gut, das Gott uns geschenkt hat, das Leben selbst verlieren. Darum hat Markus, der doch Jesus als den Sohn Gottes darstellen will, an dem grauenvollen, so ganz menschlichen Tode Jesu nichts zu beschönigen versucht.

Wenn aus diesem wahrhaftigen Tod Leben hervorgehen soll, dann ist ein 22
neuer *Schöpfungsakt* Gottes notwendig, der nicht nur einen Teil des Menschen ins Leben zurückruft, sondern den ganzen Menschen, alles, was Gott geschaffen und was der Tod vernichtet hat. Für Sokrates und Plato ist kein neuer Schöpfungsakt nötig. Denn der Leib ist ja schlecht und soll nicht weiterleben. Und jener Teil, der weiterleben soll, die Seele, stirbt ja gar nicht. Wenn wir den christlichen Auferstehungsglauben verstehen wollen, müssen wir völlig von dem griechischen Gedanken absehen, daß alles Materielle, Leibliche schlecht sei und zerstört werden müsse, so daß das Sterben des Leibes gar nicht Zerstörung wahren Lebens wäre. Für christliches (und jüdisches) Denken ist auch das Sterben des Leibes Zerstörung des von Gott geschaffenen Lebens. Es wird kein Unterschied gemacht. Auch das Leben unseres Leibes ist wahres Leben. Tod ist Zerstö-

rung alles von Gott geschaffenen Lebens. Darum muß der Tod und nicht der Körper durch die Auferstehung besiegt werden.
Nur wer mit den ersten Christen das Grauen des Todes erfaßt, den Tod als Tod ernst nimmt, kann den Osterjubel der Urgemeinde begreifen und verstehen, daß das ganze Leben und Denken der ersten Christen durch die Auferstehung beherrscht ist.
Glaube an die Unsterblichkeit ist nicht Glaube an ein alles umwälzendes Geschehen. Un-sterblichkeit ist ja nur eine negative Aussage: die Seele stirbt nicht (sie lebt einfach weiter). Auferstehung ist eine *positive* Aussage: der ganze Mensch, der wirklich gestorben ist, wird durch einen neuen Schöpfungsakt Gottes zum Leben gerufen. Es geschieht etwas. Ein Schöpfungswunder! Denn vorher ist auch etwas geschehen, etwas Furchtbares: von Gott geschaffenes Leben ist zerstört worden.
Für die Bibel ist der Tod nichts Schönes, auch der Tod Jesu nicht. Der Tod ist wirklich der vom Verwesungsgeruch umgebene Knochenmann. Und der Tod Jesu ist so häßlich, wie der große Grünewald ihn gemalt hat. Aber gerade deshalb hat der gleiche Maler daneben den großen Sieg, die Auferstehung Christi, in unübertroffener Weise zu malen verstanden: Christus im neuen Leib, im Auferstehungsleib. Wer das Grauen des Todes nicht erfaßt hat, kann nicht mit Paulus in den Siegeshymnus einstimmen: »Verschlungen ist der Tod – zum Sieg! Tod, wo ist dein Sieg? Tod, wo ist dein Stachel?« (1. Korinther 15,54 f.).

Entnommen aus: Oscar Cullmann, Unsterblichkeit der Seele oder Auferstehung der Toten?, Kreuz-Verlag, Stuttgart/Berlin [5]1969, S. 23–31.

RUDOLF BULTMANN

Das mythische Weltbild und das mythische Heilsgeschehen im Neuen Testament

23 *Das Weltbild des Neuen Testaments ist ein mythisches.* Die Welt gilt als in drei Stockwerke gegliedert. In der Mitte befindet sich die Erde, über ihr der Himmel, unter ihr die Unterwelt. Der Himmel ist die Wohnung Gottes und der himmlischen Gestalten, der Engel; die Unterwelt ist die Hölle, der Ort der Qual. Aber auch die Erde ist nicht nur die Stätte des natürlich-alltäglichen Geschehens, der Vorsorge und Arbeit, die mit Ordnung und Regel rechnet; sondern sie ist auch der Schauplatz des Wirkens übernatürlicher Mächte, Gottes und seiner Engel, des Satans und seiner Dämonen. In das natürliche Geschehen und in das Denken, Wollen und Handeln des Menschen greifen die übernatürlichen Mächte ein; Wunder sind nichts Seltenes. Der Mensch ist seiner selbst nicht mächtig; Dämonen können ihn besitzen; der Satan kann ihm böse Gedanken eingeben; aber auch Gott kann sein Denken und Wollen lenken, kann ihn himmlische Gesichte schauen lassen, ihn sein befehlendes oder tröstendes Wort hören lassen, kann ihm die übernatürliche Kraft seines Geistes schenken. Die Geschichte läuft nicht ihren stetigen, gesetzmäßigen Gang, sondern erhält ihre Bewegung und Richtung durch die übernatürlichen Mächte. Dieser Äon steht unter der Macht des Satans, der Sünde und des Todes (die eben als

»Mächte« gelten); er eilt seinem Ende zu, und zwar seinem baldigen Ende, das sich in einer kosmischen Katastrophe vollziehen wird; es stehen nahe bevor die »Wehen« der Endzeit, das Kommen des himmlischen Richters, die Auferstehung der Toten, das Gericht zum Heil oder zum Verderben.
Dem mythischen Weltbild entspricht die Darstellung des Heilsgeschehens, das den eigentlichen Inhalt der neutestamentlichen Verkündigung bildet. In mythologischer Sprache redet die Verkündigung: Jetzt ist die Endzeit gekommen; »als die Zeit erfüllt war«, sandte Gott seinen Sohn. Dieser, ein präexistentes Gotteswesen, erscheint auf Erden als ein Mensch; sein Tod am Kreuz, den er wie ein Sünder erleidet, schafft Sühne für die Sünden der Menschen. Seine Auferstehung ist der Beginn der kosmischen Katastrophe, durch die der Tod, der durch Adam in die Welt gebracht wurde, zunichte gemacht wird; die dämonischen Weltmächte haben ihre Macht verloren. Der Auferstandene ist zum Himmel erhöht worden zur Rechten Gottes; er ist zum »Herrn« und »König« gemacht worden. Er wird wiederkommen auf den Wolken des Himmels, um das Heilswerk zu vollenden; dann wird die Totenauferstehung und das Gericht stattfinden; dann werden Sünde, Tod und alles Leid vernichtet sein. Und zwar wird das in Bälde geschehen; Paulus meint dieses Ereignis selbst noch zu erleben.
Wer zur Gemeinde Christi gehört, ist durch Taufe und Herrenmahl mit dem Herrn verbunden und ist, wenn er sich nicht unwürdig verhält, seiner Auferstehung zum Heil sicher. Die Glaubenden haben schon das »Angeld«, nämlich den Geist, der in ihnen wirkt und ihre Gotteskindschaft bezeugt und ihre Auferstehung garantiert.

Die Unmöglichkeit der Repristinierung[1] *des mythischen Weltbildes*
Das alles ist mythologische Rede, und die einzelnen Motive lassen sich 24
leicht auf die zeitgeschichtliche Mythologie der jüdischen Apokalyptik und des gnostischen Erlösungsmythos zurückführen. Sofern es nun mythologische Rede ist, ist es *für den Menschen von heute unglaubhaft,* weil für ihn das mythische Weltbild vergangen ist. Die heutige christliche Verkündigung steht also vor der Frage, ob sie, wenn sie vom Menschen Glauben fordert, ihm zumutet, das vergangene mythische Weltbild anzuerkennen. Wenn das unmöglich ist, so entsteht für sie die Frage, ob die Verkündigung des Neuen Testaments eine Wahrheit hat, die vom mythischen Weltbild unabhängig ist; und es wäre dann die Aufgabe der Theologie, die christliche Verkündigung zu entmythologisieren.
Kann die christliche Verkündigung dem Menschen heute zumuten, *das mythische Weltbild als wahr anzuerkennen?* Das ist sinnlos und unmöglich. *Sinnlos;* denn das mythische Weltbild ist als solches gar nichts spezifisch Christliches, sondern es ist einfach das Weltbild einer vergangenen Zeit, das noch nicht durch wissenschaftliches Denken geformt ist. *Unmöglich;* denn ein Weltbild kann man sich nicht durch einen Entschluß aneignen, sondern es ist dem Menschen mit seiner geschichtlichen Situation je

---

[1] Repristinierung: Erneuerung.

schon gegeben. Natürlich ist es nicht unveränderlich, und auch der Einzelne kann an seiner Umgestaltung arbeiten. Aber er kann es doch nur so, daß er auf Grund irgendwelcher Tatsachen, die sich ihm als wirklich aufdrängen, der Unmöglichkeit des hergebrachten Weltbildes inne wird und auf Grund jener Tatsachen das Weltbild modifiziert oder ein neues entwirft. So kann sich das Weltbild ändern etwa infolge der kopernikanischen Entdeckung oder infolge der Atomtheorie; oder auch indem die Romantik entdeckt, daß das menschliche Subjekt komplizierter und reicher ist, als daß es durch die Weltanschauung der Aufklärung und des Idealismus verstanden werden könnte; oder dadurch, daß die Bedeutung von Geschichte und Volkstum neu zum Bewußtsein kommt.

Es ist nun durchaus möglich, daß in einem vergangenen mythischen Weltbild Wahrheiten wieder neu entdeckt werden, die in einer Zeit der Aufklärung verloren gegangen waren, und die Theologie hat allen Anlaß, diese Frage auch in bezug auf das Weltbild des Neuen Testaments zu stellen. Aber es ist unmöglich, ein vergangenes Weltbild durch einfachen Entschluß zu repristinieren, und vor allem ist es unmöglich, das *mythische* Weltbild zu repristinieren, nachdem unser aller Denken unwiderruflich durch die Wissenschaft geformt worden ist. Ein blindes Akzeptieren der neutestamentlichen Mythologie wäre Willkür; und solche Forderung als Glaubensforderung erheben, würde bedeuten, den Glauben zum Werk erniedrigen, wie Wilhelm Herrmann – man sollte meinen, ein für allemal – deutlich gemacht hat. Die Erfüllung der Forderung wäre ein abgezwungenes sacrificium intellectus, und wer es brächte, wäre eigentümlich gespalten und unwahrhaftig. Denn er würde für seinen Glauben, seine Religion, ein Weltbild bejahen, das er sonst in seinem Leben verneint. Mit dem modernen Denken, wie es uns durch unsere Geschichte überkommen ist, ist die *Kritik am neutestamentlichen Weltbild gegeben.*

Welterfahrung und Weltbemächtigung sind in Wissenschaft und Technik so weit entwickelt, daß kein Mensch im Ernst am neutestamentlichen Weltbild festhalten kann und festhält. Welchen Sinn hat es, heute zu bekennen: »niedergefahren zur Hölle« oder »aufgefahren gen Himmel«, wenn der Bekennende das diesen Formulierungen zugrunde liegende mythische Weltbild von den drei Stockwerken nicht teilt? Ehrlich bekannt werden können solche Sätze nur, wenn es möglich ist, ihre Wahrheit von der mythologischen Vorstellung, in die sie gefaßt ist, zu entkleiden, – falls es eine solche Wahrheit gibt...

Der moderne Mensch hat merkwürdigerweise die doppelte Möglichkeit, sich ganz als Natur zu verstehen oder als Geist, indem er sich in seinem eigentlichen Selbst von der Natur unterscheidet. In jedem Falle versteht er sich *als ein einheitliches Wesen,* das sich selbst sein Empfinden, sein Denken und Wollen zuschreibt. Er versteht sich nicht so eigentümlich geteilt wie das Neue Testament den Menschen sieht, so daß fremde Mächte in sein inneres Leben eingreifen könnten. Er schreibt sich die innere Einheit seiner Zustände und Handlungen zu und nennt einen Menschen, der diese Einheit durch den Eingriff dämonischer oder göttlicher Mächte gespaltet wähnt, schizophren.

Mag er sich in höchstem Maße als abhängiges Naturwesen auffassen, wie es Biologie oder Psychoanalyse behaupten, so betrachtet er diese Abhängigkeit doch nicht als ein Ausgeliefertsein an fremde Mächte, von denen er sich selbst unterschiede, sondern eben als sein eigentliches Wesen, das er verstehend auch wieder in die Herrschaft nimmt, so daß er sein Leben rational organisieren kann. Versteht er sich als Geist, so weiß er zwar um seine ständige Bedingtheit durch seine naturhafte Leiblichkeit, unterscheidet sich in seinem Selbst aber von ihr und weiß sich selbständig und verantwortlich für seine Herrschaft über die Natur...

Für beide, den Naturalisten und den Idealisten, gilt auch, daß *sie den Tod nicht als Strafe für die Sünde verstehen können;* er ist für sie ein einfacher und notwendiger Naturvorgang. Bedeutet er für jenen überhaupt kein Problem, so erwächst für diesen allerdings das Problem des Todes gerade daraus, daß er ein Naturvorgang ist. Denn als solcher wächst er nicht aus meinem eigentlichen geistigen Selbst, sondern er zerstört dieses. Und das ist die Problematik, daß der Mensch, der ein geistiges Selbst ist im Unterschied von Pflanze und Tier, doch auch der Natur verhaftet ist; daß er gezeugt wird, heranwächst und stirbt wie ein Tier. Er kann aber diese Tatsache nicht als die Strafe seiner Sünde verstehen; denn er ist ja schon vorher, ehe er schuldig ward, dem Tode verfallen. Und daß er infolge der Schuld seines Ahnherrn dazu verdammt sei, dem Todesschicksal eines Naturwesens verhaftet zu sein, kann er nicht verstehen, da er Schuld nur als verantwortliche Tat kennt und deshalb die Erbsünde als eine mit Naturkraft fortwirkende Krankheit für ihn ein untersittlicher und unmöglicher Begriff ist.

Eben deshalb kann er auch *die Lehre von der stellvertretenden Genugtuung durch den Tod Christi* nicht verstehen. Wie kann meine Schuld durch den Tod eines Schuldlosen (wenn man von einem solchen überhaupt reden darf) gesühnt werden? Welche primitiven Begriffe von Schuld und Gerechtigkeit liegen solcher Vorstellung zugrunde? Welch primitiver Gottesbegriff? Soll die Anschauung vom sündentilgenden Tod Christi aus der Opfervorstellung verstanden werden: welch primitive Mythologie, daß ein Mensch gewordenes Gotteswesen durch sein Blut die Sünden der Menschen sühnt! Oder aus der Rechtsanschauung, so daß also in dem Rechtshandel zwischen Gott und Mensch durch den Tod Christi den Forderungen Gottes Genugtuung geleistet wäre: dann könnte die Sünde ja nur juristisch als äußerliche Gebotsübertretung verstanden sein, und die ethischen Maßstäbe wären ausgeschaltet! Und zudem: war Christus, der den Tod litt, Gottes Sohn, das präexistente Gottwesen, was bedeutet dann für ihn die Übernahme des Sterbens? Wer weiß, daß er nach drei Tagen auferstehen wird, für den will offenbar das Sterben nicht viel besagen!

Ebensowenig kann der moderne Mensch *Jesu Auferstehung* als ein Ereignis verstehen, kraft dessen eine Lebensmacht entbunden ist, die sich der Mensch nun durch die Sakramente zueignen kann. Für den biologisch Denkenden ist solche Rede überhaupt sinnlos, weil für ihn das Todesproblem nicht besteht. Für den Idealisten ist es zwar sinnvoll, von einem Leben zu reden, das dem Tode nicht unterworfen ist; aber daß die Möglichkeit solchen Lebens dadurch beschafft sei, daß ein Gestorbener wieder zum physischen Leben erweckt wurde, ist ihm unvorstellbar. Gottes Handeln erscheint, wenn er durch ein solches Mittel das Leben für die Menschen beschafft, in einer unverständlichen Weise verflochten mit einem Naturgeschehen. Er könnte Gottes Handeln nur in einem Geschehen sehen, das in die Wirklichkeit seines eigenen eigentlichen Lebens eingreift, ihn selbst umgestaltet. Aber ein solches mirakulöses Naturereignis wie die Lebendigmachung eines Toten – ganz abgesehen von seiner Unglaubwürdigkeit überhaupt – kann er nicht als ein ihn betreffendes Handeln Gottes verstehen...

Entnommen aus: Rudolf Bultmann, Neues Testament und Mythologie. Das Problem der Entmythologisierung der neutestamentlichen Verkündigung. In: Kerygma und Mythos. Ein theologisches Gespräch. Herausgegeben von Hans Werner Bartsch. Herbert Reich, Evangelischer Verlag, Hamburg-Volksdorf ²1951, S. 15–20 in Auszügen.

HANS KESSLER

Gott im Leben und Sterben Jesu *

25 Denen, die sich auf die Gemeinschaft mit Jesus einließen, ging an Jesus der auf, den Jesus »Vater« nannte, und es veränderte sich ihnen das, was sie bislang »Gott« genannt hatten. Im Maße sie sich auf Jesus einließen, tat sich ihnen ein neuer, bisher nicht gekannter Gott auf, oder besser gesagt: tat sich ihnen der eine und selbe Gott in ganz neuer, ungeahnter, befreiender Weise auf. Im Dasein Jesu für sie war der Gott Jesu für sie da. Er forderte nicht, er gab; er demütigte nicht, er richtete auf; er bedrohte und verurteilte nicht, er entlastete und ließ aufatmen; er bestrafte nicht, er machte frei; er blieb nicht in der Distanz einer fernen, unheimlichen Transzendenz, er war in unbegreiflicher Güte nahe. Über alle Schranken, Hindernisse, Fernen und Abgründe hinweg wandte er sich vorbehaltlos allen, gerade den Verlorenen, Verstoßenen, Vergessenen, den Hoffnungslosen zu.

Der Gott, den Jesus eröffnete und ereignete, stellt den Menschen nicht nur in die Entscheidung, er stellt ihn auch in die Freiheit. Er nimmt ihm die Last ab, sein Sinnen und Tun krampfhaft und selbstverfangen darauf richten zu müssen, sich selbst gründlich und ewig zu sichern. Er begründet ihn ganz neu in seiner Güte, so daß er nun sein Sinnen und Tun darauf richten kann, die erfahrene Güte, Freiheit, Hoffnung andere erfahren zu lassen. Gott so erfahren und daraufhin so leben zu dürfen, das ist Erlösung.

Dieser durch Jesus eröffnete und präsentierte Gott ist so sehr die Sache Jesu, daß es Jesus ohne diesen Gott nicht gibt und man von Jesus nicht gesprochen hat, wenn man nicht von diesem Gott gesprochen hat. Jesus ging ganz darin auf, den bedingungslos gütigen Gott für die anderen dasein zu lassen. Er selbst ist darum nicht nur Zeichen der Liebe Gottes, er ist die irdische Daseinsform dieser Liebe. Sie hat ihn derart erfaßt, daß er von ihr in die totale Offenheit radikalen Vertrauens, universaler Liebe und unerschütterlicher Hoffnung freigesetzt ist. So frei ist keiner sonst. Die Güte und Gnade Gottes hat ihn ergriffen, um in seinem in Vertrauen, Liebe und Hoffnung gelebten Dasein expansiv nach allen zu greifen. Dabei ist er nicht nur Hohlform, sondern – um im Sinne von Thomas zu sprechen – selbsttätiges Werkzeug Gottes, das, zu sich selbst befreit, selber den Weg vorbehaltloser Liebe geht.

Der Anspruch radikaler und schrankenloser Güte Gottes, der in Jesus begegnete, blieb nicht unwidersprochen. Er traf vielerorts auf eine grundsätzlich andere Einstellung, die als Verschlossenheit in das eigene Tun und Vermögen, in Selbstsicherung und Selbstrechtfertigung charakterisiert werden kann. Sie sah sich legitimiert durch den im Gesetz anfordernden Gott selbst. Jesus stellte diesen Gott und diese Einstellung in Frage, *sie* stellten ihn und den Gott Jesu in Frage. Der Konflikt zwischen den sich gegenseitig ausschließenden Größen brachte Jesus den gewaltsamen Tod am Kreuz ein.

Im Tod Jesu geschieht dann – theologisch gesehen – ein Zweifaches: 26

Erstens bricht in unverhüllter und radikaler Weise der Gegensatz zwischen dem Gott Jesu und den Göttern und Mächten auf, denen Menschen sonst verfallen sein können. Der Tod Jesu deckt in tiefster Weise das solchen Mächten hingegebene und dadurch in sich selbst verschlossene Leben als Unglaube, Haß und Angst auf. Dieses in sich verschlossene Leben erträgt die in totaler Offenheit gelebte Liebe Gottes in Jesus nicht. Es schafft den Zeugen dieser Liebe deshalb aus der Welt. So wird Jesu bis zum Tod durchgehaltene Liebe zum definitiven Zeugnis gegen diese in sich verschlossene Welt.

Zweitens stellt das Sterben Jesu die äußerste Bewährung seiner vertrauenden Offenheit gegenüber Gott und seines Daseins für die Menschen dar. Er hält die Stellvertretung des ihm und von ihm eröffneten Gottes und das Eintreten für die Verlorenen auch angesichts erbitterter Feindschaft und tödlicher Konsequenz bis zum Ende durch. Gerade weil er auch vor dem drohenden Ende nichts zurücknimmt und der Tod nun alles unwiderruflich besiegelt, erhält das Wirken Jesu erst durch seinen Tod die letzte Eindeutigkeit, die volle Integrität und die bleibende Verbindlichkeit. So macht erst der Tod Jesu das Wirken Jesu wahrhaft zum Wirken Jesu, den Anspruch Jesu zum definitiven Anspruch Jesu. So legt Jesus erst in der bis in das Ende durchgehaltenen Treue und Liebe Gott verbindlich als den verläßlichen und gnädigen aus. So spricht er im Ernstfall seiner eigenen Verlorenheit Gott erst radikal als den zu, der sich der Verlorenen gütig annimmt. Und so mutet er erst in dem letzten Vertrauen, in dem er sich in den Tod und in das Offene Gottes freigibt, endgültig jenes Vertrauen zu, das den Glauben an seine und die Hoffnung auf unsere eigene Auferwekkung impliziert.

Entnommen aus: Hans Kessler, Die theologische Bedeutung des Todes Jesu. Eine traditionsgeschichtliche Untersuchung. Patmos-Verlag, Düsseldorf [2]1971, S. 335–337.

EBERHARD JÜNGEL

Der Tod und Gott

27 ... Der Sieg über den Tod ... wurde errungen, als Gott sich mit dem toten Jesus identifizierte. Tod, so hatten wir es im Alten Testament gelesen, bedeutet Verhältnislosigkeit.[1] Der Tod als der Sünde Sold, so machte es uns vor allem das Neue Testament klar, ist die Konsequenz des unheilvollen menschlichen Dranges in diese Verhältnislosigkeit. Dem unheilvollen Drang des Menschen in die tödliche Verhältnislosigkeit entspricht die den Menschen von Gott entfremdende Aggressivität des die Verhältnisse abbrechenden Todes. Während nun aber im Alten Testament Gott vom Tode unendlich entfernt und von der tödlichen Verhältnislosigkeit ganz und gar unberührt erschien, erträgt er im Tode Jesu die Berührung des Todes. Indem Gott sich mit dem toten Jesus identifizierte, setzte er sich der aggresiven Gottfremdheit des Todes wirklich aus, setzte er die eigene Gottheit der Macht der Negation aus. Er tat es, um gerade so *für alle Menschen* dazusein.

Für jemanden dasein heißt: sich zu ihm verhalten. Wenn aber Gott auch im Tode nicht aufhört, sich zu uns zu verhalten, ja wenn er sich mit dem toten Jesus identifizierte, um sich durch den Gekreuzigten allen Menschen gnädig zu erweisen, dann erwächst mitten aus der Verhältnislosigkeit des Todes ein *neues Verhältnis* Gottes zum Menschen. Wohlgemerkt: das neue Verhältnis Gottes zum Menschen besteht darin, daß Gott die von ihm entfremdende Verhältnislosigkeit des Todes selber erträgt. Wo die Verhältnisse abbrechen und die Beziehungen enden, genau eben da setzt Gott sich selber ein. Und in diesem selbstlosen Selbsteinsatz Gottes *offenbart* Gott sein eigenes Wesen. Indem Gott sich mit dem toten Menschen Jesus von Nazareth zugunsten aller Menschen identifiziert, offenbart er sich als ein den endlichen Menschen unendlich *liebendes* Wesen. Denn wo alles verhältnislos geworden ist, schafft nur die Liebe neue Verhältnisse. Wo alle Beziehungen abgebrochen sind, schafft nur die Liebe neue Beziehungen.

Liebe ist also das Motiv nicht nur des göttlichen Handelns, sondern auch des göttlichen Seins. Liebend bewegt Gott sich selbst. Liebend bewegt Gott sich selber dazu, dem Toten, dem Negativen, dem Verfluchten so zu Hilfe zu kommen, daß er Tod, Negation und Fluch nicht scheut. Liebend partizipiert Gott am Schmerz des Todes, um Leben und Tod in ein neues Verhältnis zueinander zu bringen, das Auferstehung von den Toten genannt zu werden verdient. Man darf den altkirchlichen Satz von der *Menschwerdung Gottes* nicht nachsprechen, ohne zugleich auch dieses auszusprechen. Daß Gott Mensch wurde, impliziert, daß Gott das Elend des Todes mit dem Menschen teilt. Ohne diese Implikation ist der Satz von der Menschwerdung nichts als eine emphatische Phrase. Recht verstanden jedoch definiert er das christliche Verständnis des Wortes »Gott«. Was Aristoteles dem Sein Gottes ausdrücklich verbot, nämlich sich durch Liebe zu anderem von anderem bewegen zu lassen (und nun gar zum Leiden bewegen zu lassen), und was

[1] nach E. JÜNGEL ist der Tod »das Ereignis der die Lebensverhältnisse total abbrechenden *Verhältnislosigkeit*«.

das Alte Testament wie selbstverständlich von Gott ausschloß, nämlich um die Toten bekümmert zu sein (und nun gar mit einem Toten identisch zu werden), das *muß* nach christlichem Verständnis behauptet werden, wenn wirklich und wahrhaftig von *Gott* die Rede sein soll.
Es dürfte nun deutlich werden, warum man von der Auferstehung Jesu nicht angemessen reden kann, ohne den Tod Jesu als *Ereignis des Heils* zu verkündigen. Das aus der Verhältnislosigkeit des Todes hervorgehende neue Verhältnis von Gott und Mensch schafft nämlich einen *neuen Menschen.* Aber dieser neue Mensch ist nicht aus dem Nichts, das am Anfang war, geschaffen, sondern aus der aus Selbstzerstörung und Schuld resultierenden Nichtigkeit und Vernichtung, die sich der Mensch erwirkt, indem er sein Leben verwirkt. Einen neuen Menschen schaffen – das kann auf keinen Fall heißen, ihn »schlank und leicht wie aus dem Nichts« entspringen zu lassen. Einen neuen Menschen schaffen – das kann nur heißen, die aus Selbstzerstörung und Schuld resultierende Nichtigkeit und Vernichtung des Menschen zu überwinden...

Ein traditionelles theologisches Mißverständnis des Todes Jesu Christi 28
muß hier ausdrücklich ausgeschlossen werden. Es ist die – allerdings an Formulierungen des Neuen Testaments anknüpfende – Meinung, als sei die Tötung Jesu ein dem Zorn Gottes dargebrachtes menschliches Opfer; dargebracht, um den zürnenden Gott gnädig zu stimmen: es »rast der See und will sein Opfer haben«. Nein! Wenn im Zusammenhang des Todes Jesu von einem Opfer die Rede sein soll, dann von dem Opfer göttlicher Jenseitigkeit, göttlicher Unberührtheit, göttlicher Absolutheit, kurz: vom Opfer schlechthinniger Gegensätzlichkeit Gottes gegenüber seinem sündigen Geschöpf. Denn Identität Gottes mit dem toten Jesus bedeutet dies alles. Nicht Gott hat *sich* versöhnen lassen durch Jesu Tod, sondern er hat die in ihre Gottfremdheit verstrickte *Welt* mit sich versöhnt (2. Kor. 5, 18f). Gott ist der Versöhner, die Welt die versöhnte, der Mensch der auf die vollbrachte Versöhnung anzusprechende (2. Kor. 5, 20)...

Entnommen aus: Eberhard Jüngel, Tod, Kreuz-Verlag, Stuttgart/Berlin 1971, S. 138–144 in Auszügen.

LADISLAUS BOROS

Tod als letzte Entscheidung

In den Fragen der sogenannten »Letzten Dinge« erlebte die katholische 29
Theologie der neuesten Zeit eine revolutionäre Wandlung der Perspektiven... Diese große Wende wurde von der ganz einfachen, auf den ersten Blick unscheinbaren und harmlosen Frage herbeigeführt: Was geschieht im Augenblick des Todes mit dem ganzen Menschen? Indem die Theologen diese Frage zu beantworten suchten, bemerkten sie, daß sie ihre ganze Lehre über die »Letzten Dinge« in bezug auf die gegebene Antwort neu durchdenken müssen. Die neue, von verschiedenen Theologen fast gleichzeitig ausgesprochene Antwort könnte folgendermaßen formuliert werden: Im Tod eröffnet sich die Möglichkeit zum ersten vollpersonalen Akt des Menschen; somit ist der Tod der seinsmäßig bevorzugte Ort des

Bewußtwerdens, der Freiheit, der Gottbegegnung und der Entscheidung über das ewige Schicksal...
Erst im Moment des Todes kann der Mensch die Fremdheit seines Daseins ablegen; erst im Tod wird er seinsmäßig genug, um Christus ganzheitlich, mit allen Fasern seines Wesens begegnen und sich ihm gegenüber endgültig entscheiden zu können. Im Moment des Todes hätten wir also – nach dieser Hypothese – noch eine Möglichkeit der Entscheidung, genauer, erst im Tod hätten wir die erste Möglichkeit einer ganzheitlichen, vollpersonalen Stellungnahme. In dieser Hypothese wird das Heil radikal »christologisch« und »personal« gedacht. Und trotzdem wird in ihr verständlich, daß das von Christus gebrachte und von jedem einzelnen Menschen personal zu erringende Heil »universal« ist: Jeder Mensch hat die Gelegenheit, sich – im Tod – Christus gegenüber im Vollbesitz seiner Kräfte, in völliger Klarheit und in ganzheitlicher Freiheit zu entscheiden.
Sehr viel hängt davon ab, daß wir den in dieser Hypothese so stark betonten Ausdruck »im Tod« richtig verstehen. Es handelt sich (erstens) nicht um den Zustand »vor dem Tod«. Man kann wahrhaftig nicht annehmen, im Zustand von körperlichen und seelischen Qualen der Agonie, in der Stumpfheit des Sterbens setze jemand seinen ersten vollpersonalen Akt. Es handelt sich aber (zweitens) auch nicht um den Zustand »nach dem Tod«. Unser ewiges Schicksal nach dem Tod steht für immer fest. Im Tod sind wir dermaßen »endgültig« geworden, daß nachher an dieser Endgültigkeit nichts mehr zu ändern ist. Es geht hier vielmehr um den »Moment des Todes selbst«.

Augenblick der Christusbegegnung

30 Die Verfechter dieser Lehre fassen den Moment des Todes folgendermaßen auf: Wenn die Seele den Leib verläßt, erwacht sie plötzlich zu ihrer reinen Geistigkeit, wird ganz von Licht und Helligkeit erfüllt. Sie versteht augenblicklich alles, was ein erschaffener Geist erkennen und verstehen kann; sie sieht ihr ganzes Leben in eine Einheit zusammengefaßt; sie entdeckt darin Christi Ruf und Führung; sie steht auch vor der Ganzheit der Welt und sieht, wie darin der auferstandene Herr als das letzte Geheimnis der Welt aufleuchtet. Im Tod wird also der Mensch frei, wissend und fähig, eine endgültige Entscheidung zu treffen; in dieser Entscheidung vollzieht er die klarste Christusbegegnung seines Lebens; es ist jetzt unmöglich für ihn, an Christus vorbeizugehen. Er muß sich entscheiden, so oder so. Was da – im Tod – entschieden wird, bleibt in Ewigkeit, da der Mensch sein ganzes Wesen in diese Entscheidung hineinwirft, ganz zur Entscheidung wird. Als so Entschiedener lebt er für immer. Die ganze Ewigkeit des Menschen wird nichts anderes sein als die seinshafte Entfaltung dessen, was in diesem Augenblick geschieht.
Die Argumente, die zur Bekräftigung dieser Lehre vorgebracht werden, können hier nicht einzeln analysiert werden. Eine einzige Überlegung sei andeutungsweise angeführt. Diese Theologen appellieren an eine tief menschliche Erfahrung: Der Mensch »besitzt« sich selbst noch nicht. Er lebt in seiner Sehnsucht unaufhörlich sich selbst voraus und vermag sich

deshalb nirgends zu fassen, sich eine endgültige Gestalt zu geben: um zu sein, stürzt er voraus, in die Zeit hinein; dadurch streift er gleichsam nur seinen jeweiligen Augenblick, den »Ort« des wirklichen Da-seins; er streift nur sein eigenes Leben und lebt es nicht wirklich. Er kann sein Wesen nicht entfalten, den Reichtum seines Lebens nicht ungeteilt leben. Erst in dem Moment, da es nicht mehr in die gleiche, zerstückelte Zukunft hinein weitergeht, kann er sein Wesen voll verwirklichen ... Dieser Moment kann aber erst im Moment des Todes eintreten. Erst im Tod geht es nämlich einfach nicht mehr »weiter«, in die gleiche Richtung, in die leere Offenheit der Zeit; im Tod bricht für uns ein Leben an, das unaufhörliche, intensiv gelebte Gegenwart ist. Erst im Tod erreicht also der Mensch die totale Einheit seines Wesens; er entkommt der allseitigen Beengung und Beängstigung und tritt in die Tiefendimension der Welt ein, in das »Herz des Universums«...

Dieser Weltgrund, in den der Mensch sterbend hinuntersteigt, ist seinem Wesen nach »christusoffen«, transparent also auf den Grund alles Seienden... Mit seinem ganzen Wesen steht der Mensch vor seinem Herrn. Er kann an ihm nicht mehr vorbeigehen...

Der Mensch muß durch den Tod hindurch, damit er ganzheitlich Gott nahekommt. Während unseres irdischen Lebens wandern wir noch in einer Ferne vom Eigentlichen. Wir werden beherrscht von Menschen, Dingen und Ereignissen, von unseren eigenen Sehnsüchten und Träumen. All das stellt den Raum, draußen und drinnen, voll, nimmt den Menschen in seine Gewalt... Indem der Mensch den Tod erfährt, wird er von allem befreit, was ihn bis dahin hinderte, Gott ins Angesicht zu schauen. Tod ist also Befreiung zur eigentlichen Freiheit...

Hier – im Tod – hat Gott den Menschen ganz eingeholt. Er hat ihm, indem er selber den Tod auf sich nahm, alle Auswege versperrt. Der Mensch muß durch den Tod. Und im Tod wird er unweigerlich Christus begegnen...

Tod als das »besondere Gericht«

Durch sein Ja oder Nein richtet der Mensch sich endgültig. Es folgt 31
daraus: Niemand wird verdammt, nur weil der Zufall es so wollte, nur weil der Mensch plötzlich, durch einen Unfall etwa, in die Ewigkeit abberufen wurde; weil er Gott während seines irdischen Lebens nie richtig erkannt hatte, weil er in eine Familie hineingeboren wurde, in der er die Liebe nie erfuhr, und deshalb auch nicht verstehen konnte, was das Wesen Gottes ist; weil er sich vielleicht gegen einen Gott, in dem er nur einen Gesetzesgott, einen schrecklichen Tyrannen sah, gewandt hat; weil er von Menschen verworfen, verkannt und innerlich verwundet wurde und so gegen alles in Auflehnung geriet, auch gegen Gott... Man wird nicht verdammt, ohne sich mit seinem ganzen Wesen, in völliger Klarheit und Überlegung gegen Christus entschieden zu haben; ... jeder Mensch hat die Möglichkeit, sich in blendender Klarheit für oder gegen Christus zu entscheiden. Alle haben die Möglichkeit – in der Perspektive der vorgetragenen Hypothese –, ihr Heil in einer ganzheitlich-personalen Begegnung mit Christus zu erlangen.

Es folgt daraus: Wir alle müssen wachsam bleiben. Was und wer gibt uns die Sicherheit, daß wir im Tod die richtige Entscheidung treffen? Der Ausgang dieser Entscheidung wird von uns selbst abhängen. Es gibt keinen anderen Maßstab, die Aufrichtigkeit unseres Wunsches nach Bekehrung zu messen, als die Bekehrung selbst, in diesem Moment. Was wir in der Zukunft sein möchten, müssen wir in der Gegenwart anfangen. Wir müssen uns durch die vielen kleinen Einzelentscheidungen unseres Lebens auf die große, letzte Entscheidung im Tod vorbereiten. Das Leben ist »Einübung in das Gericht«. Wir müssen uns bekehren, und zwar gleich, wenn wir aufrichtig die Bekehrung im Tode wünschen. Jedes Aufschieben dieser Vor-Entscheidung ist existentielle Lüge... Der Gedanke einer letzten Entscheidungsmöglichkeit im Tod hat die Eigenschaft aller großen christlichen Gedanken: Er befreit und fordert zugleich. Die vorgetragene Hypothese bietet uns die Möglichkeit, das »besondere Gericht« nicht als ein Zusätzliches auf der langen Liste der sogenannten »Letzten Dinge«, sondern als eine Dimension der Entscheidung im Tod zu begreifen, als die letzte Entschiedenheit unseres Wesens.

Entnommen aus: Ladislaus Boros, Erlöstes Dasein. Theologische Betrachtungen. Matthias-Grünewald-Verlag, Mainz [6]1966, S. 89–97 in Auszügen.

KARL RAHNER

Der Mensch muß den Tod in Freiheit sterben *

32 Das Geheimnis des Todes wird nur verzerrt, wenn es in einer Perspektive mit dem Enden des Tieres gesehen und als ein biologisches Vorkommnis aufgefaßt wird, das gewissermaßen nur hinterdrein insofern noch mit dem Menschen als solchem zu tun hat, als eben dieser biologisch Endende ein Mensch ist, der noch ein wenig mehr ist als ein bloßes materielles Lebewesen. Man sieht am eigentlichen Wesen des Todes als eines totalen und total menschlichen Geschehens vorbei, wenn man ihn nur traditionell definiert als Trennung von Leib und Seele, weil man ihn dann von einer Folge statt von seinem Wesen her sieht und in diese Worte von der Trennung von Leib und Seele künstlich und nachträglich hineintragen muß, was erst die Eigentümlichkeit des gerade menschlichen Todes ausmacht: die personale Endgültigkeit des Endes, das Ganzmenschliche, die unauflösliche Einheit von Tat und Leiden im Tod, die Verhülltheit des im Tod sich vollendet auszeugenden Ergebnisses eines Lebens, die Geburt der Ewigkeit, die sich nicht als Weiterdauer hinter der irdischen Zeit anschließt, sondern als Frucht der Endgültigkeit der Freiheit und der absoluten Entscheidung aus der Zeit selbst herauswächst, insofern diese eine eigentlich menschliche Zeit war.
Von solchen und ähnlichen Bestimmungen des menschlichen Todes, die hier nicht systematisch in ihrem inneren Zusammenhang entwickelt werden können, sei zunächst eine herausgegriffen, die für unsere Absicht von besonderer Bedeutung ist: die Freiwilligkeit des Todes überhaupt. Der Tod ist eine Tat. Gewiß ist er das äußerste Erleiden, das Geschehnis, in dem das Dunkle und Unverfügbare unentrinnbar über den Menschen ver-

fügt, ihm ihn selbst nimmt und zwar ganz bis in die letzte Tiefe seines Daseins. Aber dennoch ist der Tod zugleich eine, nein, *die* Tat. Die Tat einer Freiheit. Der Mensch mag im Augenblick seines Ablebens bewußtlos sein. Er mag vom Tod überrascht werden, wenn wir unter diesem Wort jenen Augenblick am Ende nennen, in dem der Tod, den wir das ganze Leben hindurch auf diesen letzten Augenblick hin sterben, manifest wird. Aber eben weil wir den Tod im Leben sterben, weil wir dauernd lassen, dauernd Abschied nehmen, dauernd durchschauen auf das Ende hin, dauernd enttäuscht werden, dauernd durch Wirklichkeiten hindurch in ihre Nichtigkeit hindurchbrechen, dauernd durch die tatsächlichen Entscheidungen und das wirklich Gelebte die Möglichkeiten des freien Lebens einengen, bis wir das Leben in die Enge des Todes getrieben und verbraucht haben, weil wir immer das Bodenlose erfahren, immer über das Angebbare hinausgreifen ins Unverfügbare, ins Unbegreifliche, und weil wir überhaupt nur so eigentlich menschlich existieren, darum sterben wir durch das ganze Leben hindurch und ist das, was wir Tod nennen, eigentlich das Ende des Todes, der Tod des Todes, bei dem nur von uns aus offenbleibt, ob dieser Tod des Todes der zweite Tod oder die Tötung des Todes und der Sieg des Lebens ist. Und weil der Tod im ganzen Leben des Menschen, biologisch und existentiell dauernd anwesend ist, darum ist der Tod auch die Tat der Freiheit des Menschen. Dabei ist aber zu sagen: der Mensch *muß* den Tod in Freiheit sterben, er kann diesen ihm als das Werk seiner Freiheit auferlegten Tod gar nicht vermeiden. *Wie* er ihn aber stirbt, wie er ihn versteht, das ist die Entscheidung seiner Freiheit, hier trägt er nicht das Auferlegte, sondern das Ausgewählte. Das will sagen: in der Tat des sterbenden Daseins ist der Mensch in der Notwendigkeit, sich frei zum Tod zu verhalten. Er ist aber gefragt, wie er dies tun wolle. Unentrinnbar sieht das Dasein, wo es überhaupt die Augen des Geistes aufschlägt, das Ende, sieht dieses Ende durch das ganze Leben, vielleicht blaß und unausdrücklich, sieht vielleicht absichtlich darüber hinweg, »übersieht« so (aber sieht gerade so auch). Und indem es dieses Dasein auf das Ende hin in Freiheit übernimmt, nimmt es den Lauf auf das Ende hin in Freiheit auf sich. Aber die Frage ist diese: *Wie* versteht der Mensch dieses Ende, auf das er in Freiheit zugeht, weil er gar nicht anders kann, als in Freiheit die Bahn seines Lebens zu laufen? Läuft er unter einem Protest oder liebend und vertrauend? Geht er auf das Ende als Verendung oder als Vollendung zu? Meist wird er über den Tod hinsichtlich dieser Frage keine theoretischen Sätze aufstellen, aber er wird eine freie Überzeugung in der Tat des Lebens und in den Taten des Alltags leben und schweigend vollziehen, selbst wenn er gar nicht ausdrücklich weiß, daß er im Leben seinen Tod interpretiert.

Was heißt, christlich sterben?*

Wir haben also zu fragen: Welches ist, christlich gesehen, diese richtige 33
Interpretation der Tat des Lebens, die der Tod ist?
Hier ist zunächst ein erstes auf diese Frage zu antworten: die auferlegte Freiheit muß eine freie Freiheit sein. Der Mensch kann nicht anders, wenn

er zu sich gekommen ist, als frei sein. Das ist die auferlegte Freiheit. Er kann diese Freiheit aber hassen. Er kann sie nicht haben wollen, er kann so tun, als gäbe es sie nicht. Er kann sich treiben lassen, er kann sich feige schuldig nur als das gemachte Produkt seiner Umwelt verstehen. Er sollte aber seine Freiheit frei und nicht gezwungen annehmen, er sollte sie lieben, er sollte den Mut zu ihr haben. Und er sollte es hinsichtlich der inhaltlich *erfüllten* Freiheit, in der nicht nur über dies und das, nicht nur an der Oberfläche des Lebens frei gehandelt wird, sondern in der über das *ganze* Leben bis in seine letzte Tiefe frei entschieden wird; er sollte also eine frei geliebte Freiheit zum Tode haben. Er sollte den Tod frei annehmen, in einer freien Freiheit zum Tod existieren. Wo der Mensch den Tod nur mit dem dumpfen Lebenswillen des Tieres fürchtet, sich vor ihm versteckt, sich unvermittelt nur mit der vitalen Daseinsfurcht vor dem Schmerz verbindet, wo er nicht den Mut hat, zu verzichten in einer gelassenen Einübung des letzten Verzichtes, da ist er eigentlich noch nicht der Mensch, der er sein soll. Er hat die Haltung der Verdrängung dessen, was ihn doch erst vom Tier unterscheidet: das Wissen um die Transzendenz, die als nicht bloß gedachte, sondern vollzogene in dieser sterblichen Kreatur, die wir den Menschen nennen, nur in der Form des frei vorgelassenen Wissens um die eigene Todesgeweihtheit echt ist. Wo freie Freiheit, da ist Liebe zum Tod, da der Mut zum Tod.

34 Aber diese freie Freiheit im Mut zum Tod muß zweitens eine ergebene Freiheit sein, eine Freiheit, die ja sagt nicht nur zum Tod selbst, sondern zu seinem Sinn, zu dem Sinn des Daseins. Der Mensch soll nicht vorlaufen zum Tod als dem endlichen Ende des Daseins, sondern zu einem unendlichen. Nicht zu einem Tod, der die Vollendung des Leeren, das endgültige Ausrinnen des Lebens in die Sinnlosigkeit ist, sondern zu einem Tod, der die gültige Vollendung des Daseins ist. Das aber kann nur geschehen im Glauben. Denn die ewig gültige Vollendung im Tod kann vom Sterbenden, der den Tod frei tun soll, nicht ergriffen werden als das Vorhandene, da der Tod ja als der Höhepunkt des Gehens des Vergänglichen, das allein hier greifbar ist, die Vollendung des Daseins nicht gibt, sondern endgültig zunichte zu machen scheint. Tod ist Fallen, und nur im Glauben kann dieses Fallen als ein Fallen in die Hände des lebendigen Gottes, der Vater genannt wird, gedeutet werden. Und da diese bejahende Interpretation des tödlichen Daseins als Verfügung über das Ganze des Lebens nur, wie wir als Christen wissen, geschehen kann in der Gnade Christi, weil in dieser Ordnung sündiger Finsternis das Ganze des Lebens in der sittlich richtigen Weise nur in der Gnade Gottes gemeistert werden kann, darum können und müssen wir die in der Gnade Christi geschehende Tat, in der der Mensch den umfassenden Sinn seines Daseins im finsteren Anschein der Todessinnlosigkeit bejaht, notwendig Glauben nennen, die Übergabe des ganzen Menschen in der Unverfügbarkeit und Undurchdringlichkeit des Daseins an den unbegreiflichen Gott. Dort, wo so gestorben wird, frei und gläubig vertrauend, alles einzelne lassend in dem freien Vertrauen, dadurch alles zu erhalten, wo man scheinbar ins Leere und bodenlos Abgründige zu fallen erfährt, dort tut man etwas, was man nur

in der Gnade Christi tun kann, worin diese zu ihrem Sieg kommt, dort stirbt man nicht den Tod Adams, des Sünders in seiner Liebe zum eigenmächtig verfügten Nichtigen, sondern, ob man es weiß oder nicht, den Tod Christi, da nur dieser Tod diese Gnade uns erworben und nur dieser Tod unsern Tod in die Lebendigkeit Gottes hinein befreit hat.

Entnommen aus: Karl Rahner, Zur Theologie des Todes, Herder-Verlag, Freiburg i. Br. ^{2}1958, S. 75–79.

Selbstmord, freiwilliger Tod, Martyrium

> Freiwillig das Leben beenden, das heißt, dem Tod in die Hand arbeiten. Der Selbstmord erstickt die Flamme der Revolte.
> *Albert Camus*

KARL LÖWITH

Die Freiheit zum Tode

...Alles moderne Denken über den Tod setzt als selbstverständlich vor- 35
aus, daß im Tod mit dem Leib auch die Seele stirbt und daß eine unsterbliche Seele weder eine sinnvolle Idee noch ein moralisches Postulat ist, wie sie es in der Geschichte der Philosophie von Platon bis zu Kant gewesen ist. Wer aber nicht an die Unsterblichkeit der Seele glaubt und also die Endlichkeit auf den ganzen Menschen bezieht, der wird auch die Freiheit zum Tode in dem Sinn behaupten müssen, daß der Mensch ein Recht auf Selbstvernichtung hat. Denn was sollte uns moralisch daran hindern können, unter bestimmten Umständen über unser Leben zu verfügen, wenn dieses weder eine Gabe Gottes ist noch unsterblich beseelt? Nur innerhalb des christlichen Horizonts konnte der Selbstmord von Augustin bis zu Rousseau, Kant und Dostojewskij als ein Verbrechen verworfen und nicht als Freiheit zum Tode gewürdigt werden...

Dostojewskij, der wie kein anderer immer wieder die Frage des Mordes und Selbstmordes durchdacht hat, beantwortet sie mit dem Hinweis auf die Unsterblichkeit der menschlichen Seele. In den »Dämonen« beweist sich der Selbstmörder Kirilloff, daß er Gott überlegen ist, indem er ihm die »Eintrittskarte« zurückgibt und seinen Eigenwillen total und absolut setzt. Denn er erschießt sich nicht, wie die gewöhnlichen Selbstmörder, aus irgendeinem bestimmten Anlaß, sondern »aus Überzeugung«, rein aus dem Willen zum Eigenwillen. Dostojewskij läßt den modernen Menschen, der ein »Materialist«, d. h. Naturalist ist, fragen: Welches Recht hat die Natur gehabt, mich ohne meine Einwilligung in die Welt zu setzen, und zwar mit einem Bewußtsein um das eigene Dasein und folglich uneins mit sich selbst an der Last des Lebens leidend? Der Gedanke liegt nahe: »Was, wenn man den Menschen nur zu einer frechen Probe in die Welt gesetzt hat, um zu sehen, ob ein solches Geschöpf es auf Erden aushalten könne oder nicht?« Die Natur kann mir auf meine Frage nach dem Sinn des Lebens keine Antwort geben, und da ich gleichzeitig Ankläger und Beklagter bin, so verurteile ich diese blinde Natur, die mich so ungeniert geschaffen hat. Weil ich aber die Natur, derzufolge ich da bin, nicht vernichten kann, vernichte ich mich selbst, einfach weil es mir zu langweilig ist, diese Tyrannei, an der kein Mensch schuld ist, zu ertragen. Diese Konsequenz ist nach Dostojewskij unvermeidlich, wenn es keine »höchste Idee« gibt, die über alle Natur hinausgeht, nämlich die Idee von der Unsterblichkeit der menschlichen Seele. Ohne sie könne der Mensch nicht vernünftig und sinnvoll leben, denn bloß wie ein Tier dahinleben und seinesgleichen zeugen, sei für den Menschen ungenügend. Auch die Liebe zur Menschheit, die jederzeit in Haß umschlagen könne, sei nur möglich, wenn man an die Unsterblichkeit der Seele glaubt.

»Ich behaupte sogar, daß die Liebe zur Menschheit im allgemeinen, als eine Idee genommen, eine für den menschlichen Verstand unfaßbare Idee ist. Gerade als Idee. Nur das Gefühl allein kann sie rechtfertigen. Aber das Gefühl ist nur bei einer gleichzeitigen Überzeugung von der Unsterblichkeit der menschlichen Seele möglich.

Darum ist es klar, daß der Selbstmord eine unvermeidliche Notwendigkeit für jeden Menschen ist, der den Glauben an die Unsterblichkeit verloren und sich auch nur ein wenig über das liebe Vieh erhoben hat. Die Unsterblichkeit, die das ewige Leben verheißt, fesselt dagegen den Menschen um so fester an die Erde.

Darin könnte man einen Widerspruch erblicken. Richtig ist aber gerade das Gegenteil: nur durch den Glauben an seine Unsterblichkeit erfaßt der Mensch den vernünftigen Zweck seines Seins auf Erden. Ohne die Überzeugung von der Unsterblichkeit werden die Bande, die den Menschen an die Erde fesseln, zerrissen; sie werden immer dünner, aber der Verlust des höchsten Sinnes für das Leben führt zweifellos zum Selbstmord. Die Idee von der Unsterblichkeit ist das Leben selbst, das lebendige Leben, seine endgültige Formel und die Hauptquelle der Wahrheit.« ...

Entnommen aus: Karl Löwith, Die Freiheit zum Tode (Quelle wie Text 1–3), S. 169–172 in Auszügen.

KLAUS THOMAS

Eine begründete Erfahrung und begrenzte Theorien

36 *Selbstmord ist die einzige vernichtende Handlung, bei der Täter und Opfer dieselbe Person sind. Als Täter ist jeder Selbstmörder krank und darum für sein Tun nicht verantwortlich. Als Opfer aber bedarf er des Schutzes vor sich selbst.*

Alles Reden von der Willensfreiheit trifft für den Lebensmüden nicht zu, und gar das Wort vom »Freitod« führt völlig irre; denn in kaum einer zweiten Situation ist ein Mensch so unfrei in seinem Willen, so gefesselt und gefangen in den Ketten seiner Krankheit wie in einer schweren Depression oder Neurose. Hier überfällt der Zwang den Wehrlosen, der in Wahrheit nicht sterben will, sondern Ausschau hält nach Menschen, die ihm in seiner untragbaren Lebenslage eine helfende Hand reichen.

Meist sind auch die bestgemeinten seelsorgerlichen Ratschläge unzureichend, wenn sie sich etwa in bloßen Forderungen erschöpfen. »Du mußt eben glauben, beten und in deiner Bibel lesen.« Eben dazu sind die schwerkranken Lebensmüden in der Regel nicht mehr fähig.

Die soziologischen Thesen, seit dem Ende des vorigen Jahrhunderts von E. Dürckheim und später von Halbwachs vertreten, machen Rasse, Volkstum, Familienstand, Religion, Beruf, Wohnort und vor allem wirtschaftliche Faktoren für den Selbstmord verantwortlich.

Die Hauptursachen liegen aber eindeutig nicht in der »Gesellschaftsstruktur«, sondern bei der seelischen Gesundheit und den Konflikten des einzelnen Menschen.

Sigmund Freud hat eine Theorie vom Todestrieb aufgestellt, die einige seiner Schüler abwandelten und erweiterten z. T. zu Ansichten, die wir gelegentlich bestätigt fanden, wenn etwa unbewußte Selbstbestrafungstendenzen, z. B. beim Alkoholismus, am Werke sind.

Grundsätzlich aber konnten wir bei unseren 5000 Selbstmordgefährdeten keinen Todestrieb finden, sondern wir fanden den übermächtigen Selbsterhaltungstrieb, der nur unter erheblichen Schwierigkeiten im Zustand seelischer Krankheit außer Kraft gesetzt wird.

Andere medizinische Theorien machen Hirnschäden, Drüsenfunktionen, bestimmte Phasen im monatlichen Zyklus der Frau usw., aber auch Klimaschwankungen, jahreszeitliche Rhythmen u. a. für den Selbstmord verantwortlich. Die Ergebnisse widersprechen einander zum Teil und sind wenig überzeugend.

Ein Einblick in die Überfülle der Arbeiten, die auf diesem Gebiet geschrieben wurden, macht offenkundig, wieviel einfacher es ist, mit Statistiken, Büchern, Gedanken und Theorien zu arbeiten, als unvoreingenommen eine größere Anzahl von Menschen zu untersuchen, zu beobachten und die Ergebnisse zu notieren und schließlich auszuwerten.

Nachdem wir dies 13 Jahre hindurch bei über 12000 Patienten getan haben, bot sich uns eine solche Fülle von Tatsachen, Merkmalen und »Daten« an, daß menschliche Gehirne die Vielfalt der möglichen und notwendigen Auswertungen nicht mehr vornehmen können.

Einheitlich erhobene und von einem Computer verarbeitete Tatsachen wurden so zu der einen Hauptquelle unserer Erkenntnis.

Eine andere Grundlage wissenschaftlicher Forschung auf diesem Gebiet ist die helfende Tat. Auch in anderen Zweigen der medizinischen Wissenschaft ist es üblich und möglich, eine Diagnose »ex juvantibus« sich bestätigen zu lassen, d. h. erfolgreiche Heilmaßnahmen, die nur bei einer Krankheit wirken können, beweisen deren Vorliegen.

Wenn zum Beispiel ein Kranker seine Magenbeschwerden so schildert, daß der Arzt ein Sodbrennen auf Grund zu starker Säureabsonderung annehmen muß, dann kann er Tabletten geben, die die Säure »abpuffern«. Wenn diese Tabletten augenblicklich helfen, so ist damit seine Vermutung und Diagnose gesichert.

So haben wir die verschiedenartigsten Theorien über den Selbstmord vorwiegend unter der Frage geprüft, welche Maßnahmen den Gefährdeten Hilfe und Befreiung gewähren. Die Antwort ist eindeutig:

Wer in Gefahr steht, Hand an sich zu legen, braucht vor allem psychiatrische und psychotherapeutische Behandlung. Sie allein verspricht und gewährt in kurzer, absehbarer Frist, wenn auch nicht immer eine vollständige Heilung, so doch eine Befreiung aus der Selbstmordgefahr.

Entnommen aus: Klaus Thomas, Menschen vor dem Abgrund. Ein Arzt und Psychotherapeut berichtet aus der Praxis der Selbstmordverhütung. Christian Wegner Verlag, Hamburg 1970, S. 33 f. Bezug: Ärztliche Lebensmüdenbetreuung, 1 Berlin 37.

ERNST BLOCH

Der Tod des roten Helden *

37 Alle nehmen frühere Blumen ins Grab, darunter vertrocknete oder unkenntlich gewordene. Nur eine Art Menschen kommt auf dem Weg zum Tod fast ohne überkommenen Trost aus: der rote Held. Indem er bis zu seiner Ermordung die Sache bekennt, für die er gelebt hat, geht er klar, kalt, bewußt in das Nichts, an das er als Freigeist zu glauben gelehrt worden ist. Sein Opfertod ist deshalb auch von dem der früheren Blutzeugen verschieden; denn diese starben, fast ausnahmslos, mit einem Gebet auf den Lippen und glaubten sich den Himmel erworben zu haben. Der geistliche Rausch ließ nicht nur die Todesangst weit hinter sich, er verlieh sogar in mehreren Fällen (Gesang der Täufer auf dem Scheiterhaufen) Unempfindlichkeit gegen den Schmerz. Der kommunistische Held dagegen, unter dem Zaren, unter Hitler und noch darüber hinaus, opfert sich ohne Hoffnung auf Auferstehung. Sein Karfreitag ist durch keinen Ostersonntag gemildert, gar aufgehoben, an dem er persönlich wieder zum Leben erweckt wird. Der Himmel, dem die Märtyrer, in Flamme und Rauch, ihre Arme entgegenstreckten, ist keinem roten Materialisten da; dennoch stirbt dieser, als Bekenner, überlegen wie nur je ein Urchrist oder Täufer. Auf diesen Helden trifft Büchners völlig diesseitiges Wort vom Menschen zu: »Wir sind wie die Herbstzeitlose, welche erst nach dem Winter Samen trägt.«

Entnommen aus: Ernst Bloch, Das Prinzip Hoffnung, Suhrkamp Verlag, Frankfurt am Main 1959, S. 1378 f.

KARL RAHNER

Über das Martyrium

38 Das Martyrium, so wie wir heute diesen Begriff auffassen, ist der Tod um des christlichen Glaubens oder der christlichen Sitte willen...

Das Martyrium hat es mit dem Tod zu tun. Man muß also wissen, was es mit dem Tod sei, will man das Martyrium verstehen. Aber das Mysterium des Todes zieht so auch ein in das des Martyriums und macht dieses selbst zu einem Geheimnis. Und nur zagend kann man sich ihm nähern. Denn die verschlossene Unbegreiflichkeit des Todes verhüllt sich für den dummen Alltagsverstand noch einmal dadurch, daß er jeden Tag sich ereignet und der Dumme meint, es müsse verständlich sein, was sich jeden Tag begibt.

Wir können ... sagen: christlicher Tod ist die freie Freiheit[1] des Glaubens, 39
der in Wirklichkeit und Wahrheit über das Ganze des Lebens verfügt, indem sie die Unverfügbarkeit des sterbenden Daseins als sinnvolle, liebende Verfügung Gottes annimmt.

Diese Tat der freien und glaubenden Freiheit, die im Tod geschieht und geschehen soll und geschehen kann, ist nun aber verhüllt. Der Tod kann ja auch der Tod der aufgezwungenen Freiheit sein und darin der Tod der verstummenden Verzweiflung, das Sich-fallen-Lassen in die finstere Leere anstatt in die Hände des unbegreiflichen, aber geliebten Gottes. Diese Verhülltheit der Qualität des Todes, die die totale Qualität des vollendeten Lebens in sich faßt, kommt nicht bloß daher, daß alles, was der Mensch in Freiheit tut, vor ihm selbst und erst recht vor dem Blick der Umwelt und der greifbaren Geschichte zweideutig ist und unrichtbar. Vielmehr ist gerade diese Zweideutigkeit aller Freiheit im Tod auf ihrem unüberbietbaren und einmaligen Höhepunkt. Jede andere Tat setzt in dieser Welt doch ein Stück ihrer eigenen Wirklichkeit ab, das für den Täter selbst und auch für seine Mitmenschen die Möglichkeit der Beurteilung wenigstens ein Stück weit hinsichtlich des Ganzen der Tat bietet. Der Tod aber ist das Verschwinden des Täters und seiner Tat aus den Augen des Täters und der Zuschauenden in das Geheimnis des alleinigen Gerichtes Gottes. Kann nun, so fragen wir und kommen damit aus diesen scheinbar wegführenden Überlegungen unmittelbar vor unser eigentliches Thema, kann nun dieser verhüllte Tod dennoch offenbar werden auch hier für uns als wirklich der Tod der freien Freiheit und des wirklichen Glaubens? Gibt es einen Tod, der uns sein dunkel verschleiertes Wesen enthüllt, bei dem man erkennen kann, *wie* er gestorben wird? Gibt es einen Tod, in dem auch erscheint, was in ihm geschieht? Wenn es diesen sich enthüllenden, erscheinenden christlichen Tod gibt, dann wäre er *das* christliche Zeugnis schlechthin, weil sich die alles Christliche integrierende Tat des sich vollendenden Lebens als das auch *zeigen* würde, was sie ist, dann wäre dieser Tod der schöne Tod, wenn anders letzte Schönheit das Zusammenfallen zwischen der inneren Wahrheit und der Erscheinung ist. Solch ein Tod wäre das schöne Zeugnis (1 Tim 6, 13) schlechthin. Solcher Tod müßte geliebt und gesucht werden über alle Angst und alles Grauen hinaus, wenn anders der Mensch die wahre Wirklichkeit *und* deren reine Erscheinung sucht, weil er jene in dieser am vollendetsten und am sichersten vollzieht und findet. Diese Enthüllung des christlichen Wesens des Todes gibt es. Sie ist das Martyrium des Glaubenden.

Damit der Tod als Tod der freien Freiheit *offenbar* sein könne (um zu- 40
nächst von der ersten Eigentümlichkeit zu reden, die wir dem Tod zugesprochen haben, wenn er christlich sein soll), muß er ein Tod sein, der vermieden werden könnte, ein Tod, der auch in seiner vitalen Gegebenheit schlicht vermieden werden könnte. So aber kann der Tod nur sein, wenn er gewaltsam von außen verursacht wird und die Vermeidung dieser Verursachung und so des Todes für den tödlich Bedrohten selbst unter den

[1] Diese Formulierung erklärt sich aus den in den Texten Nr. 32–34 dargestellten Gedanken.

Möglichkeiten seiner Freiheit steht. Wenn einer durch seine freie Tat den Tod vermeiden kann, dann wird zunächst einmal das eine als wirklich vollzogen offenbar, was in jedem christlichen Tod, wenn meist auch ungreifbar und unbeurteilbar, vorhanden sein muß: er wird frei angenommen. Offenbar wird dann: hier ist jene Todesliebe, die der Christ haben muß und die er dennoch nicht dadurch realisieren darf, daß er sich selbst tötet. Hier wird getan, was Jesus von seinem Tod sagt: ich habe die Macht, mein Leben hinzugeben. Dort, wo scheinbar alles fremde Gewalt ist, ist mehr als bei allem andern Tod wahr: keiner nimmt mir das Leben, ich gebe es selber her. Und eben dies geschieht beim Martyrertod. Er ist der freie Tod und alle Gewalt, die ihn schafft, ist nur der heimliche Kunstgriff Gottes, der die Möglichkeit höchster Freiheit schafft, einer Freiheit, die sich der Mensch, der sie nicht an sich reißen darf, anders gar nicht schenken lassen kann, weil er sonst zwar diese Freiheit (wenn auch nicht so weit) in seinem Leben hat (wo er wählen kann und in diesem Wählen auch seinen Tod wählt), aber nur wie anonym und bloß verteilt auf das Ganze des Lebens. Bei dem Tod, der gewaltsam ist und doch vermieden werden könnte und in Freiheit angenommen wird, ballt sich die Freiheit eines ganzen Lebens in den einen brennenden Augenblick des Todes am Ende, zieht der Tod des Lebens als ganzer und freier ein in den Tod des Todes als Akt voller Freiheit über das Ganze des Lebens und so seiner ewigen Endgültigkeit. Der Tod des Martyriums ist der Tod der freien Freiheit, in ihm wird offenbar, was sonst durch die Verhülltheit des Wesens des Todes verborgen ist; in ihm beantwortet sich die Frage des verhüllten Todes, ob er nämlich ein Tod aufgezwungener Freiheit oder freier Freiheit ist.

41 Wann und wie ist ein Tod aber auch ein Tod der Enthüllung des Glaubens? Das ist die zweite Frage, die wir zu stellen haben. Man könnte meinen, diese Frage sei leicht beantwortet. Wo, so könnte man fragen, wird offenbarer, daß hier und jetzt der Tod als Tod des freien Glaubens an den Sieg im Tod Jesu Christi gestorben wird, als im Tod dessen, der für seinen Glauben an den Gekreuzigten und Auferstandenen in den Tod geht, als im Martyrertod? Man könnte also meinen, es sei selbstverständlich, daß im Martyrertod jene Eigentümlichkeit gegeben ist, die der recht gestorbene Tod haben muß, daß er nämlich ein Tod des Glaubens und nicht ein Tod der verstummenden oder lauten Verzweiflung sei. Aber ganz so einfach läßt sich diese Frage nicht lösen. Denn man könnte fragen: Ist dieser Martyrertod wirklich dem allgemeinen Gesetz entnommen, daß alles, was der Mensch an sittlicher Entscheidung tut, für ihn selbst und erst recht für die andern umfaßt bleibt von einer letzten Fraglichkeit, ob das wirklich Gute getan und ob es, wenn es objektiv das Gute und Seinsollende, das Gebot Gottes und die Erfüllung des evangelischen Gesetzes ist, auch gut getan, auch aus dem innersten Glauben und der letzten Liebe, aus der Gnade Gottes heraus getan ist, aus Gründen also, die niemand ergründet, weder bei sich noch bei andern, so daß niemand gerechtfertigt ist vor dem einzigen Gericht Gottes? Fällt nicht auch der Martyrertod unweigerlich in die Unbeantwortbarkeit der Frage zurück, ob das Gute auch wirklich gut getan werde, was eigent-

lich an dem, was vor uns geschieht, bleibe und gültig sei, wenn es auf der Waage Gottes gewogen wird? Und wenn es doch auch den Tod des Fanatikers, den Tod des Helden, den Tod des Sektierers gibt, wenn viele Tode tapfer und freiwillig gestorben werden, von denen wir Christen meinen, daß wir ihnen nicht ohne weiteres dieselbe objektive Würde und Bedeutung zuerkennen können, sosehr wir uns sehr oft neigen werden vor dem Ungeheuerlichen und unsagbar Großen, das in solchen Toden sich ereignen mag, und sowenig wir im einzelnen Fall zu leugnen brauchen, daß auch ein solcher Tod in der verborgenen Wahrheit vor Gott in Gott und sein ewiges Leben hineinreichen kann, dann ist die Frage hinsichtlich der einmaligen und offenbaren Qualität des christlichen Martyrertodes nicht so einfach zu lösen. Von ihrer Lösung aber hängt die Frage ab, inwiefern man solchem Tod eine Qualität des Zeugnisses schlechthin zusprechen kann, die Frage, warum der Glaubenstod wirklich ein Zeugentod in einem ausgezeichneten Sinne ist...

Wenn man fragt: wo ist der Punkt im Leben des Menschen, wo der Schein 42
absolut wahr und die Wahrheit absolut erscheinend ist, wo ist der Punkt, wo alles eins wird: die Tat und das Leiden, das Gewöhnlichste und das Unbegreifliche, der Tod und das Leben, die Freiheit und die Gewalt, das Menschlichste und das Göttlichste, die finstere Sündigkeit der Welt und die sie in Erbarmen einschließende Gnade Gottes, der Kult und die Realität, dann muß man sagen: im Martyrium. Hier und sonst nirgends. Das, was hier erscheint, gibt es sonst auch, muß es auch bei uns geben, sollen wir die Erlösten, Geheiligten sein, die mit Christus starben und auferstanden zur Neuheit des Lebens. Aber hier *erscheint*, was wir sein sollen, was wir hoffentlich sind, wovon wir nie sonst wissen, ob es wirklich da ist. Und was *hier* erscheint, erscheint so, daß es auch wirklich da ist, hier bringt das Zeichen wirklich unfehlbar das Bezeichnete mit sich und überwindet selbst noch diejenige Zweideutigkeit und Fraglichkeit, die auch noch den Sakramenten anhaftet, da man sie auch unwürdig empfangen kann. Dieses Sakrament des Blutes kann man nur würdig empfangen, oder man empfängt es überhaupt nicht.

Im Martyrium haben wir also die durch Gottes gnadenhafte Verfügung garantierte unauflösliche Einheit von Zeugnis und bezeugter Sache. Hier wird in absoluter Gültigkeit und Vollendung vollzogen, was bezeugt wird: das christliche Dasein als siegreiche Gnade Gottes. Das Zeugnis setzt das Bezeugte gegenwärtig, und das Bezeugte schafft sich selbst die Bezeugung, die untrüglich ist. Wort und Sache werden hier eins und in ihrer unauflöslichen Einheit ergriffen. Nicht weil an sich vom Menschen her nicht auch hier stumme Sache oder leeres Gerede sein könnte, als ob nicht vom Menschen her (wie sich ja in andern freiwilligen Toden manchmal zeigt) auch hier leere Demonstration oder verhohlene Wirklichkeit sein könnte. Aber die Tat Gottes in seiner siegreichen Gnade verhindert dieses Auseinanderfallen, bezeugt den vollendeten Menschen, um sich selbst zu bezeugen in ihrer unaufhebbaren Ankunft im Fleisch...

Man wird nun zwar nicht sagen können, daß jeder freiwillige Tod, gleich- 43
gültig, wie und wofür er gestorben wird, schon notwendig ein sittlich guter

Tod sei. Dagegen spricht die christliche Lehre, die den Selbstmord als objektiv falsch verwirft. Aber ist vielleicht der freiwillig angenommene Tod, der durch andere (ohne eigenen Anlaß) verursacht wird, *immer eo ipso* ein gerechter Tod? Auch das wird man nicht immer sagen können. Denn den Tod des Ketzers und des Fanatikers wird das christliche Empfinden nie einfach und von vornherein als gleich gültig wie das Martyrium für den christlichen Glauben betrachten, es kann nicht zugeben, daß das objektive Material, an dem eine sittliche Gesinnung vollzogen wird, für das Gelingen dieser richtigen Gesinnung so restlos und von vornherein gleichgültig sei, daß zwei in der Ebene der objektiven Sachverhalte völlig widersprechende Vollzüge nicht nur faktisch mit derselben sittlichen Gesinnung getan werden können (was zweifellos vorkommen kann), sondern gleicherweise und von sich aus dieselbe Gesinnung notwendig und unausweichlich mit sich bringen. Wäre jeder freiwillig angenommene Tod eo ipso schon ein sittlich guter Tod, dann wäre er (weil Tod, d. h. weil Totalität des menschlichen Daseinsvollzugs) immer und in jedem Fall sogar der Höhepunkt der sittlichen Tat des Menschenlebens. Dann aber verlöre doch das Worum des frei angenommenen Todes jede sittliche Bedeutung, und zwar nicht nur faktisch und in vielen Fällen, sondern grundsätzlich und in allen Fällen solchen Todes. Das aber müßte seine Konsequenzen für das Sittliche überhaupt haben. Die »Gesinnung« würde von jeder materialen Forderung unabhängig. Man kann also nicht von vornherein und unbesehen jeden freiwilligen Tod heiligsprechen...

44 Beim christlichen Martyrium ist der Tod selbst Thema. Er ist nicht nur das von der Hartnäckigkeit der Verfolgung eines bestimmten Zieles in der Sturheit einer eigensinnigen Konsequenz in Kauf Genommene, sondern er ist das in sich selbst Geliebte, die Anteilnahme am Tode des Herrn, das selige Tor zum ewigen Leben. Sosehr der andere den Martyrer nicht töten dürfte, sowenig empfindet der christliche Martyrer (und zwar aus seinem Glauben heraus, für den er stirbt) den Tod nicht als dasjenige, wozu er gewissermaßen den andern reizt (und sich darum – nach Kierkegaard – fragen müßte, ob er wegen ein wenig Wahrheit dazu berechtigt ist), sondern das, wozu er kraft seines ganzen Daseins angelegt ist. Man wird sich fragen können, ob solch eine Tat historisch greifbar sonst irgendwo in der tatsächlichen Geistesgeschichte der Menschen vorkommt. Man darf wohl diese Frage verneinen. Darüber ist aber Verwunderung am Platz. Denn offenbar ist der Tod etwas, womit man etwas müßte anfangen können, auf das der direkte Blick des um sich wissenden Menschen (anders als beim Tier) gehen müßte. Faktisch aber bringt das nur das Christentum fertig. Das aber kommt aus der vielleicht bloß faktischen (aber eben tatsächlich einzig bei ihm gegebenen) Korrespondenz zwischen dem, was der Christ soll, und dem, was er glaubt: er soll (schon als Mensch) den freien Tod sterben (was außer ihm niemand tut, wobei zu »ihm« natürlich die anonymen Christen gerechnet werden dürfen, die sich bei solcher Tat ja auf nichts berufen, was dem Christentum entgegengesetzt wäre), und er glaubt (als Christ) an den Tod Christi als die eigentliche Erlösung. Er glaubt also genau an das, was doch im Grunde die Summe seines eigenen

Daseins ausmacht. Die Weise, wie gestorben wird, zeigt, daß man den Tod vorläßt und ihn annimmt. Und zwar in der Tiefe der geistigen Person, dort, wo nicht nur abstrakte, geredete Ideale in Sätzen gehandelt werden, sondern der Mensch in seiner Wirklichkeit selber ist. Dort wird der Tod angenommen. Und gleichzeitig von einem Menschen, dessen theoretische Auffassung, und zwar die, für die er stirbt, eben das theoretisch bejaht, was hier getan wird. Man kann vielleicht sagen, das so theoretisch und existentiell Bejahte in der Koppelung, daß das eine das Motiv des andern ist, sei gar nichts spezifisch Christliches, denn solch ein Tod könne auch von einer rein natürlichen Ethik so befohlen und so getan werden. Aber einerseits ist, aufs Ganze der Weltgeschichte gesehen, diese Einheit sonst nicht nachweisbar (oder wo wird annehmend der Tod getan als Tor des Lebens, ohne daß er nur Zufall wird oder Abgrund der geheimen Verzweiflung?), und anderseits ist die Lehre und die Tat vom rechten Tod doch nicht nur eine Nebensache in der Religion des am Kreuz Sterbenden. Diese geheime Entsprechung gibt es sonst nirgends. Kein Wunder, daß es, aufs Ganze gesehen, in einem historisch genügend, gewissermaßen geschichtsöffentlich gewordenen Ausmaß diesen freien Tod nur im Christentum gibt. Dann aber kann gesagt werden: wenn solcher Tod nach seiner eigenen Erscheinung sich als ein guter Tod, als ein Tod der erblühten und geglückten Freiheit und nicht als einer der sich versagenden Freiheit, der ontologisch und personal verkümmerten Freiheit ausweist, wenn dieser Tod faktisch im Angesicht des geglaubten Christentums, seinetwegen und in einer unmittelbar greifbaren Korrespondenz mit dessen Inhalt gestorben wird, wenn er (mindestens faktisch in diesem Umfang) sonst nirgends vorkommt und diese Tatsache doch auch einen Grund haben muß, dann ist das alles nur damit zu erklären, daß dieser gute Tod geglückter Freiheit seine Kraft aus *dem* schöpft, worum er gestorben wird, d. h., daß er gut ist, *weil* er um des Gekreuzigten und Gestorbenen willen gestorben wird. Der gute Tod wird Zeugnis der guten Sache. Er wird wirklich Zeugnis für die Wahrheit...

Entnommen aus: Karl Rahner (Quelle wie Text 32–34), S. 73–101 in Auszügen.

II. JENSEITS

Wenn in den Religionen aller Zeiten in Bildern und Gleichnissen und Paradoxien gesprochen wird, so kann das kaum etwas anderes bedeuten, als daß es eben keine anderen Möglichkeiten gibt, die Wirklichkeit, die hier gemeint ist, zu ergreifen. Aber es heißt nicht, daß es keine echte Wirklichkeit sei.
Werner Heisenberg

KARL BARTH

Gott – das Jenseits des Menschen *

45 Der Mensch *als solcher* hat also *kein* Jenseits, und er bedarf auch keines solchen; denn *Gott* ist sein Jenseits. Daß er, Gott, als des Menschen Schöpfer, Bundesgenosse, Richter und Retter sein schon in seinem Leben und endgültig, ausschließlich und total in seinem Tode treues Gegenüber war, ist und sein wird, das ist des Menschen Jenseits. Er, der Mensch als solcher aber ist diesseitig und also endend und sterbend und wird also einmal nur noch gewesen sein, wie er einmal noch nicht war. Daß er auch als dieser Gewesene nicht Nichts, sondern des ewigen Lebens Gottes teilhaftig sein werde, das ist die ihm in diesem Gegenüber mit Gott gegebene Verheißung, das ist seine Hoffnung und Zuversicht. Ihr Inhalt ist also nicht seine Befreiung von seiner Diesseitigkeit, von seinem Enden und Sterben, sondern *positiv:* die ihm von dem ewigen Gott her bevorstehende Verherrlichung gerade seines von Natur und von rechtswegen diesseitigen, endenden und sterbenden Seins. Nicht dem sieht und geht er entgegen, daß dieses sein Sein in seiner Zeit irgendeinmal vergessen oder ausgelöscht zurückbleiben und dann gewissermaßen ersetzt sein werde durch ein ihm folgendes jenseitiges, unendliches, unsterbliches Sein nach dieser Zeit, sondern *positiv:* daß *eben dieses sein Sein in seiner Zeit* und also mit seinem Anfang und Ende vor den Augen des gnädigen Gottes und so auch vor seinen eigenen und vor aller Anderen Augen – in seiner verdienten Schande, aber auch in seiner unverdienten Ehre offenbar werde und so von Gott her und in Gott ewiges Leben sein möchte. Er hofft nicht auf eine Erlösung aus der Diesseitigkeit, Endlichkeit und Sterblichkeit seiner Existenz, sondern *positiv:* auf die Offenbarung ihrer in Jesus Christus schon vollendeten Erlösung: der Erlösung gerade seines diesseitigen endlichen und sterblichen Wesens.

Entnommen aus: Karl Barth, Kirchliche Dogmatik, III/2. EVZ-Verlag, Zürich ^{2}1959, S. 770 f.

OSCAR CULLMANN

Die Schlafenden
Heiliger Geist und Zwischenzustand

46 ...Das ganze Neue Testament antwortet (auf die Frage, *wann* die Verwandlung des Leibes erfolgt): *am Ende,* und das ist wirklich, das heißt: temporal zu verstehen. Damit stellt sich aber nun die Frage nach einem »Zwischenzustand« der Toten. Wohl ist der Tod nach 2. Timotheus 1,10

schon besiegt: Christus »hat ihn besiegt und hat Leben und Unverweslichkeit ans Licht gebracht«. Aber die zeitliche Spannung, die ich so stark zu betonen pflege, betrifft gerade diesen Zentralpunkt: der Tod ist *besiegt*, aber *vernichtet* wird er erst am Ende: »als letzter Feind wird der Tod besiegt« (1. Korinther 15,26)...

Das bedeutet aber, daß die Verwandlung des Leibes nicht sofort nach jedem individuellen Tod eintritt. Wir müssen uns gerade auch hier wiederum vor jeder Anpassung an griechische Vorstellungen hüten, wenn wir die neutestamentliche Lehre verstehen wollen, und hier ist wohl auch der Punkt, wo ich nicht mit K. Barth einig gehe, wenn er dem Apostel Paulus den Gedanken zuschreibt, die Verwandlung des Fleischleibes trete für jeden im Augenblick seines Todes ein, als ob sich die Toten außerhalb der Zeit befänden. Nach dem Neuen Testament sind die Toten noch in der Zeit. Sonst hätte das Problem von 1. Thessalonicher 4,13 ff. keinen Sinn... Sie sind im »Schoß Abrahams« oder (nach Offenbarung 6,9) »unterm Altar« oder »mit Christus«. Alles das sind nur Bilder für die Gottesnähe. Das geläufigste Bild ist aber: »sie schlafen«. Daß im Neuen Testament mit einer solchen Zwischenzeit für die Toten *wie für alle Lebenden* gerechnet ist, dürfte schwer abzustreiten sein. Irgendwelche Spekulationen über den Zustand der Toten in dieser Zwischenzeit gibt es hier jedoch nicht. Die in Christus Verstorbenen haben an der Spannung der Zwischenzeit teil. Aber dies bedeutet nicht nur, daß sie noch warten. Es bedeutet, daß auch für sie etwas Entscheidendes mit Jesu Tod und Auferstehung *geschehen* ist... Der Tod *ist* besiegt. Der des Leibes entkleidete innere Mensch ist nicht mehr allein, er führt nicht mehr das Schattendasein, das alleiniger Gegenstand der jüdischen Erwartung war und das nicht als »Leben« bezeichnet werden konnte.

Der des Leibes entkleidete innere Mensch ist ja schon zu seinen Lebzeiten 47
vom Heiligen Geiste verwandelt, ist schon von der Auferstehung ergriffen worden (Römer 6,3 ff.; Johannes 3,3 ff.), wenn er wirklich als Lebender erneuert, das heißt durch den Geist »wiedergeboren« worden ist. Der Heilige Geist ist eine Gottesgabe, die man *mit dem Tode nicht verlieren* kann. Der in Christus Verstorbene hat den Heiligen Geist, obwohl er noch »schläft« und noch auf die Auferstehung des Leibes wartet, die ihm erst das volle und wahre Leben schenken wird.

So hat in diesem Zustande der Tod seine Schrecken verloren, obwohl er noch existiert, und so können wirklich die Toten, »die von nun an im Herrn sterben«, weil sie in Abwesenheit des Fleisches durch den Heiligen Geist besonders nahe bei Christus sind, selig gepriesen werden, wie der Verfasser der Johannesapokalypse schreibt (Kap. 14,13). Der Triumphruf des Paulus in 1. Korinther 15,54 findet jetzt auch auf die Toten Anwendung: »Tod, wo ist dein Sieg? Tod, wo ist dein Stachel?« So schreibt der Apostel in Römer 14: »Ob wir leben oder sterben, gehören wir dem Herrn« (V. 8). Christus ist »Herr über Lebende und Tote« (V. 9). »Ob wir wachen oder schlafen, leben wir zusammen mit ihm« (1. Thessalonicher 5,10).

Man könnte fragen, ob wir nicht auf diese Weise *doch* zur griechischen 48
Unsterblichkeitslehre zurückgeführt werden, ob nicht das Neue Testament

für die Zeit nach Ostern eine Kontinuität für den »inneren Menschen« des Bekehrten vor und nach dem Tode annimmt, so daß praktisch auch hier der Tod nur noch einen natürlichen »Übergang« darstellt. In gewissem Sinne findet hier tatsächlich insofern eine *Annäherung* an die griechische Lehre statt, als der innere Mensch, der schon vorher vom Geiste verwandelt (Römer 6,3 ff.), also lebendig gemacht worden ist, in dieser Verwandlung bei Christus im Zustande des Schlafes *weiterlebt.* Diese Kontinuität ist ja besonders stark im Johannesevangelium betont (Johannes 3,36; 4,14; 6,54 u. ö.). Hier sehen wir wenigstens eine gewisse *Analogie* zur »Unsterblichkeit der Seele«. Und doch bleibt der *Unterschied radikal.* Auch der Zustand der in Christus Verstorbenen ist noch ein unvollkommener, ein Zustand des »Nacktseins«, wie Paulus sagt, des »Schlafens«, des Wartens auf die Auferstehung der gesamten Schöpfung, auf die Auferstehung des Leibes. Anderseits bleibt der *Tod* hier der *Feind,* der zwar besiegt ist, aber doch noch vernichtet werden muß. Daß die Toten auch in diesem Zustand schon bei Christus leben, entspricht nicht dem *natürlichen* Wesen der Seele, sondern ist durch ein göttliches Eingreifen von außen bedingt, durch Tod und Auferstehung Christi, durch den Heiligen Geist, der den inneren Menschen durch seine Wundermacht schon im irdischen Leben auferweckt haben muß.

Es bleibt dabei, daß die Auferstehung des Leibes noch Gegenstand der Erwartung ist, auch im Johannesevangelium, allerdings nun mit der Siegesgewißheit verbunden, weil der Heilige Geist schon im inneren Menschen wohnt. Ein Zweifel kann da nicht mehr aufkommen: Da er schon im inneren Menschen wohnt, wird er auch den Leib verwandeln. Denn der Heilige Geist als Lebensmacht kennt keine Schranken, durchdringt alles, bleibt niemals stehen. So schreibt Paulus in Römer 8,11 die Worte, die wir als Zusammenfassung der hier dargelegten Lehre betrachten können: »Wenn der Geist in euch wohnt, so wird der, der Christus von den Toten auferweckt hat, auch eure Leiber *durch den in euch wohnenden Geist* zum Leben rufen«; und in Philipper 3,21: »Wir warten auf den Herrn Jesus Christus, der unseren Leib der Niedrigkeit seinem Leib der Herrlichkeit gleichgestalten wird.«

49 Wir *warten,* und die Toten *warten.* Freilich ist der Zeitrhythmus für sie ein anderer als für die Lebenden, und die Zwischenzeit mag für sie auf diese Weise verkürzt sein. Wenn ich mit dieser letzten Bemerkung meinerseits entgegen der bisherigen strikten Beschränkung auf die neutestamentlichen Aussagen über das, was die Exegese bietet, hinauszugehen scheine, so bin ich doch überzeugt, die exegetische Grundlage insofern nicht zu verlassen, als die Bezeichnung *schlafen,* die im Neuen Testament für den Zwischenzustand am gebräuchlichsten ist, uns direkt dazu einlädt, für die Toten ein anderes Zeitbewußtsein, das der »Schlafenden«, anzunehmen. Aber daß auch sie noch in der Zeit stehen, das dürfen wir damit nicht wegdeuten. Und auch hier sehen wir noch einmal, daß die neutestamentliche Auferstehungshoffnung vom griechischen Unsterblichkeitsglauben verschieden ist.

Entnommen aus: Oscar Cullmann (Quelle wie bei Text 19–22), S. 53–62.

JACOB KREMER

Zur Geschichte des Begriffs »Seele«

1. »Seele« im Brahmanismus und in der griechischen Philosophie

Lange bevor das Christentum von »Seele« sprach, war dieser Begriff in 50
den Religionen Indiens beheimatet. So war man im Brahmanismus der Überzeugung, daß die Einzelseelen durch Vereinzelung des Brahman, des Absoluten, entstanden seien. Indem die Seele in den Leib eingeht, erhält sie Grenzen. Sie ist dort wie in einer Festung gefangen und eingereiht in den ewigen Zyklus der Reinkarnation. Das echte Wissen besteht deshalb darin, daß die Allgegenwart des Brahman in den einzelnen erkannt wird. Der Weise strebt danach, sich vom Leib und dessen Bedürfnissen freizumachen, damit das Brahman, das sich verstreut hat, wieder es selbst werden kann. Dieser Anschauung nach ist die Seele im Menschen ein Teil des Absoluten; sie ist vom Leib, der sie gefangenhält, völlig verschieden und von sich aus unsterblich. Eine solche Auffassung ist nicht zuletzt durch das Nachsinnen über den Unterschied zwischen einem leblosen und einem lebendigen (»beseelten«) Körper sowie über die geistigen Fähigkeiten des Menschen entstanden. Im Denken wie im Traum vermag der Mensch Dimensionen zu durchschreiten, die die des Körpers übersteigen.

Mit den im einzelnen sehr verschiedenartigen Auffassungen indischer Religion sind auch die keineswegs einhelligen alten griechischen Vorstellungen verwandt, nach denen die unsterbliche Seele Teil einer göttlichen Substanz ist, der in den Körper verbannt wurde. Der Leib (Soma) ist danach das Grab (Säma) der Seele. Platon hat diese Anschauungen aufgegriffen und in seinen Schriften mehrfach (besonders im »Phaidon«) behandelt...

2. »Seele« im Alten Testament, im Judentum und im Neuen Testament

Das oft mit »Seele« übersetzte hebräische Wort »nefeš« hat die Grundbe- 51
deutung »Kehle«, »Schlund«; es bedeutet weiter vor allem »Atem« und »Leben«. In den hebräischen Büchern des Alten Testaments findet sich keine dualistische Auffassung des Menschen. »Nefeš« steht für den ganzen Menschen und kann oft mit »Ich« übersetzt werden. Dem hebräischen Denken nach hat nicht der Mensch eine Seele, sondern ist Seele (vgl. Gen 2,7: »und so ward der Mensch zu einer lebendigen ›nefeš‹«), wie er auch Leib ist. Das Wortpaar »Leib und Seele« findet sich im Alten Testament nirgends. Der Gedanke einer vom Leib getrennt existierenden Seele ist dem hebräischen Denken fremd. Wo von einem Leben nach dem Tode die Rede ist, da wird dies als Entrückung (Henoch, Mose, Elija) oder aber als ein Schattendasein des ganzen Menschen in der Scheol aufgefaßt. Einzig das griechisch verfaßte Weisheitsbuch spricht den Gedanken einer unzerstörbaren Seele aus: »Doch die Seelen der Gerechten sind in Gottes Hand, keine Qual kann sie berühren« (3,1). »Obwohl früh vollendet, hat er lange Jahre erfüllt; denn dem Herrn wohlgefällig war seine Seele, deshalb durfte sie hinwegeilen aus der bösen Welt« (4,14).

Unter dem Einfluß persischen und griechischen Denkens ist im frühen Judentum (Apokryphen, Schriften von Qumran, Talmud) die Auffassung von »Seelen« der Verstorbenen verbreitet, die in Seelenkammern auf die Auferstehung der Toten warten oder jetzt schon im Paradies (Himmel) sind. Doch überwiegt auch im jüdischen Schrifttum, in Verbindung mit der alten Vorstellung von der Scheol, die Hoffnung auf die Auferstehung der Toten am Ende der Tage...

Das Neue Testament handelt an keiner Stelle ausdrücklich über die »Seele« des Menschen. Manche Stellen, die oft in diesem Sinne gedeutet wurden, verkennen den weithin hebräischen Sinn der griechischen Vokabel »Psyche« (z. B. Mk 8,36 par: »Was nützt es dem Menschen, wenn er die ganze Welt gewinnt und Schaden leidet an seiner ›Psyche‹ [= Leben]«). Die in den Paulusbriefen häufige Gegenüberstellung von »Geist« (Pneuma) und »Fleisch« (Sarx) meint nicht, wie es später oft ausgelegt wurde, ein Gegenüber von »Seele« und »Leib«, sondern das von lebenserfülltem »Pneuma« und hinfälliger »Sarx«. Im Grunde teilten Jesus und seine Jünger die auch im Judentum vorherrschende monistische Anthropologie des Alten Testaments. Lediglich Mt 10,28 (»Und fürchtet euch nicht vor denen, die den Leib töten, die Seele aber nicht töten können...«) und Offb 6,9–11 (über die Seelen der Blutzeugen unter dem himmlischen Altar) verraten mit einiger Sicherheit hellenistischen Einfluß. Doch darf Mt 10,28 nicht, wie es bis vor Jahren von katholischen und evangelischen Theologen vertreten wurde, als Beweis für die Unzerstörbarkeit der Seele gewertet werden; denn es geht Jesus nicht um die Gegenüberstellung von Leib und Seele, vielmehr darum, was Menschen können und nicht können (»Fürchtet vielmehr den, der Leib und Seele in der Gehenna vernichten kann«).

Daraus darf allerdings nicht gefolgert werden, das Neue Testament kenne überhaupt keine Fortexistenz der Verstorbenen nach dem Tode, sondern nur eine Auferstehung der Toten am Ende der Tage. Dagegen sprechen eindeutig Phil 1,21–26; 2 Tim 4,18; Lk 23,43; Lk 16,19–31; Hebr 12,23 und Offb 14,13. Allerdings wurden Existenz und Seligkeit der Verstorbenen nicht mit Hilfe der griechischen Lehre von der unzerstörbaren Seele erklärt, vielmehr entsprechend den jüdischen Auffassungen ohne nähere Erklärung und Begründung geglaubt.

3. »Seele« in der christlichen Tradition

52 Die Kirchenväter, die fast alle eine griechisch-lateinische Bildung erhalten hatten, haben – wie schon vorher der Verfasser des Weisheitsbuches – aus der griechischen Philosophie den Begriff der immateriellen, unzerstörbaren Seele übernommen. Er bot ihnen eine willkommene Hilfe, um zu erklären, wie verstorbene Christen (besonders die Märtyrer) sofort nach dem Tod schon Anteil an dem ewigen Leben haben können, während der Leib noch im Grab ist. Sehr ausgeprägt findet sich diese griechische (weithin platonische) Interpretation des Neuen Testaments bei Augustinus, vor allem in dem bekannten letzten Gespräch mit seiner Mutter Monika (Confessiones IX, 10ff.). Der Tod wird seither im Christentum als »separatio animae a corpore« erklärt.

Zu wenig beachtet wurde in den späteren Jahrhunderten, daß die Kirchenväter die griechische Auffassung in einem wesentlichen Punkt korrigierten: Im Unterschied zu Platon und anderen lehrten sie, daß die Seele nicht aus sich selbst (weil sie etwas Göttliches ist) unzerstörbar sei, sondern nur deshalb, weil Gott sie so will. Hier ist deutlich zu erkennen, wie man sich bemühte, den Aussagen der Bibel über den Gnadencharakter des ewigen Lebens, wie er in der Sprechweise über »die Auferweckung zum Leben« so deutlich zum Ausdruck kommt, gerecht zu werden...

Die Reformation bewirkte hinsichtlich der traditionellen Lehre von Leib und Seele keine wesentliche Änderung, wenn auch die Reformatoren die katholische Lehre vom Fegfeuer und von den Heiligen im Himmel ablehnten und M. Luthers Stellungnahme bis heute nicht geklärt ist. Zu Beginn der Neuzeit versuchten die großen Philosophen (zum Beispiel Descartes, Leibniz), die Existenz, Immaterialität und Unsterblichkeit der Seele mittels der Philosophie zu beweisen. So kam es, daß auch in vielen Kreisen, die seit dem 17. Jahrhundert der kirchlichen Verkündigung reserviert oder gar ablehnend gegenüberstanden, die Lehre von der unsterblichen Seele – oft allerdings in pantheistischer Ausprägung – als »das eigentliche Zentraldogma der Aufklärung« festgehalten wurde. Erst die Jahrzehnte nach dem ersten Weltkrieg brachten hier eine Änderung...

Zur heutigen Problematik

1. Gründe für die Kritik an der traditionellen Lehre

Wenn heute selbst Theologen gegenüber der Lehre von der Seele eine 53
zurückhaltende oder gar ablehnende Stellung einnehmen, wird das vielfach mit einem Hinweis auf den biblischen Befund begründet... Oft wird dabei die Frage nach der »Seele« nicht genügend von der Frage nach der Fortexistenz der Verstorbenen unterschieden.

Eine Zurückhaltung ist... berechtigt, ja gefordert, und zwar aus der Erkenntnis heraus, daß es sich bei »Seele« um einen weithin der griechischen Philosophie entlehnten Begriff handelt, der von der Theologie zur Aufhellung biblischer Aussagen herangezogen wurde. Schon in der Vergangenheit brachte es diese Übernahme und ihre Popularisierung mit sich, daß die biblische Hoffnung auf die Vollendung des ganzen Menschen bei der Auferstehung stark zurücktrat und dies nicht selten eine Abwertung des Leibes nach sich zog. Heute ist dieser Begriff weithin unzureichend und mißverständlich geworden.

Die moderne Anthropologie gestattet es aufgrund biologischer und psychologischer Erkenntnisse nicht mehr, von »Leib und Seele« im Sinne platonischer Philosophie und erst recht nicht im Sinne populärer Vorstellungen zu sprechen. Mehr als früher wird heute die (leibseelische) Einheit des menschlichen Lebens gewertet. Nicht zuletzt weist auch die Verhaltensforschung auf manche Parallelen im menschlichen und im tierischen »Seelenleben« hin, so daß die Fragen: »Haben Tiere eine Seele?« und: »Wie verhalten sich Geist und Materie zueinander?« heute wieder neu gestellt werden... In der modernen Psychologie, Tiefenpsychologie und Psychotherapie, die den heutigen Sprachgebrauch stark beeinflussen, wird

Seele aber im Sinne eines keineswegs bloß geistigen Vermögens verwandt. Es ist auch gar nicht möglich, mit Hilfe der verbreiteten Formulierung »unsterbliche Seele« zu einer unmißverständlichen Ausdrucksweise zu gelangen; denn diese Wortprägung fördert das platonisch-augustinische Mißverständnis und ist im Grunde falsch: Die Seele ist weder unsterblich noch sterblich; ebensowenig ist der Leib sterblich; denn sterben kann nur der Mensch...

2. Versuch einer Neuinterpretation

54 Es wäre falsch, aus der bisherigen Darlegung einen radikalen »Abschied von der Seele« zu folgern und mit der Behauptung »Es gibt keine unsterbliche Seele« Aufsehen und Bestürzung hervorzurufen. Die Wahrheit von der Seele kann nicht aus der Geistesgeschichte der Menschen getilgt werden. Aufgabe des Theologen ist es vielmehr, das, was unsere Vorfahren erarbeitet haben ... neu zu überdenken und so zu formulieren, daß es nicht bloß fachtheologisch richtig ist, sondern auch heute verstanden wird. Wie das geschehen kann, mögen folgende Punkte andeuten:

a) Angesichts des wachsenden Einflusses von Psychologie, Tiefenpsychologie und Psychotherapie muß zunächst beachtet werden, daß »Seele« heute noch mehr als früher kein eindeutiger Begriff ist. Ein unbefangener Gebrauch des Wortes »Seele« ist darum nicht mehr möglich. Die Zurückhaltung in neueren liturgischen und für die allgemeine Glaubensunterweisung bestimmten Büchern ist daher zu begrüßen und sollte auch in Predigten, Andachten (»für die armen Seelen«), Gebeten und Liedern Nachahmung finden. Die Wortprägung »unsterbliche Seele« sollte ganz gemieden werden.

b) In Unterweisung und Diskussion ist alles zu vermeiden, was den Eindruck erweckt, als bestehe nach christlicher Auffassung der Mensch aus zwei völlig verschiedenen Substanzen Leib und Seele, von denen die Seele wertvoller als der Leib sei. Der Mensch ist vielmehr ein Ganzes, wenn er auch oft in sich einen Widerstreit verschiedener Tendenzen verspürt...

c) Ist der Mensch eine solche Lebenseinheit, dann ist der Tod nicht einfach Trennung der Seele vom Leib, sondern geht den ganzen Menschen an. Die in der Bibel und kirchlichen Tradition vorhandene Spannung zwischen der Überzeugung von einer Seligkeit der Gerechten unmittelbar nach dem Tod und der Erwartung des ewigen Lebens aufgrund der Auferweckung von den Toten am Ende der Tage – sofern hier überhaupt noch von Zeit gesprochen werden kann – findet am ehesten eine Erklärung in der Annahme, daß schon im Augenblick des Todes die Auferweckung beginnt, diese aber erst am Ende der Welt ihre Vollendung findet, da nach dem Neuen Testament die volle Seligkeit niemals nur eine völlig individuelle ist.

d) Die der alten Unterscheidung von Leib und Seele zugrunde liegende Wahrheit gilt auch heute noch und darf deshalb nicht unterschlagen werden: Der »Leib« (so wie er wahrgenommen wird) ist für sich allein nicht der ganze Mensch, und das »leibliche« (irdische) Leben ist nicht das ganze Leben. Die Fähigkeit des Menschen zu geistiger Tätigkeit, seine Offenheit für Transzendenz und seine Entscheidungsfreiheit dürfen als Zeichen seines Hinausragens über die materielle Welt – und damit auch über das Ende des leiblichen Lebens – gewertet werden.

e) Die Lehre von der unzerstörbaren Seele besagt letztlich, wenn sie richtig verstanden wird, daß der Mensch, der auf Transzendenz hin geöffnet ist, von Gott angesprochen und zum »Dialogpartner Gottes« berufen ist. Dadurch ist jeder Mensch eine einmalige Person, und zwar über den Tod hinaus; denn der Anruf Gottes, sein Ruf ins Leben, gilt nicht nur für dieses Leben. Deshalb ist nach christlicher Überzeugung die Hoffnung des Menschen auf ewige Vollendung, »die Sehnsucht, ohne die er letzten Endes die Autonomie, die innere Unabhängigkeit, verliert«, keine Illusion, kein bloßes Produkt menschlichen Wunschdenkens. Was die traditionelle Lehre in mehr substantialistischer Weise mit »Seele-haben« ausdrückte (bei Gefahr eines dualistischen Mißverständnisses), kann also in einer mehr geschichtlichen, aktualen Sprache, die der Bibel und der heutigen Anthropologie besser gerecht wird, mit »Dialogpartner Gottes sein« ausgesagt werden.

Dieser Versuch einer Neuinterpretation ist auf den ersten Blick hin sicher nicht so »klar und eindeutig« (Descartes) wie die landläufige Auffassung der traditionellen Lehre. Wird er aber letztlich dem Innersten des menschlichen Lebens, das sich einem rationalistischen Zugriff entzieht, nicht besser gerecht? Gerade indem wir auf die Grenzen unseres Denkens und Sprechens und damit auch des Begriffs »Seele« stoßen, wird uns der Blick für das unaussprechliche, niemals ganz zu begreifende Geheimnis jedes menschlichen Lebens geöffnet. Wir sind dann aufgeschlossen für die biblische Botschaft – für unseren Menschenverstand bleibt sie unerklärbar –, daß sich Gott um jeden Menschen sorgt, ja ihn liebt und sein ewiges Leben will.

Entnommen aus: Jacob Kremer, ... denn sie werden leben. Sechs Kapitel über Tod, Auferstehung, Neues Leben. KBW Verlag, Stuttgart 1972, S. 102–114 in Auszügen.

LADISLAUS BOROS

Fegfeuer als Christusbegegnung

Die Hypothese der Endentscheidung im Tod[1] erlaubt uns, mit einigen un- 55
glaubhaften, unwürdigen und grotesken Vorstellungen über das Fegfeuer aufzuräumen. Der Reinigungsort ist sicher keine riesige Folterstadt, kein »kosmisches Konzentrationslager«, in dem klagende, seufzende und jammernde Kreaturen von Gott bestraft werden. Gottes Gedanken haben eine ganz andere Größe. Das Fegfeuer ließe sich durchaus als ein augenblicklicher Vorgang, als die Qualität und Intensität der sich im Tod vollziehenden Entscheidung denken. In diesem Fall wäre die Begegnung mit Christus, das Eingehen in seinen liebenden Blick unsere endgültige Läuterung...

---

[1] vgl. die Texte Nr. 29–31; ferner die Texte Nr. 47–50.

Sein Blick dringt ... bis ins Innerste, Verborgenste und Wesentlichste des Menschendaseins. Gott im Feuerblick Christi zu begegnen, ist zwar einerseits die höchste Erfüllung unserer Liebesfähigkeit; es ist aber andererseits auch das schrecklichste Leiden unseres Wesens. In dieser Perspektive wäre das Fegfeuer nichts anderes als der Durchgang durch das Feuer der Liebe Christi, der Vorgang der Christusbegegnung im Tod. Bei dieser Begegnung bricht die Liebe zu Gott aus den Tiefen des menschlichen Daseins hervor, durchdringt unser Wesen. Sie muß dabei die Schichten und »Ablagerungen« der Selbstsucht überwinden, das, was die scholastische Theologie »reliquiae peccati«, Überreste der Sünde zu nennen pflegt. Die Liebe zu Gott glüht zwar noch in der Tiefe jener Menschenseele, die der Reinigung bedarf; sie ist aber unter dem Schutt und der Asche des menschlichen Egoismus begraben. Je härter und mächtiger diese Ablagerungen sind, desto schmerzhafter wird auch der Durchbruch zu Christus sein. Das ganze menschliche Dasein muß sich mit letzter Kraft »aufbrechen«, sich dem liebend entgegenkommenden Christus öffnen. Demnach würden also die einzelnen Menschen einen persönlich je verschieden »intensiven« Läuterungsvorgang im Augenblick des Todes durchmachen. So wird aus dem Unterschied der im Fegfeuer verbrachten Zeit ein Unterschied in der Intensität der Läuterung.

Verdammnis, selbstgewollte Trennung von Gott

56 Christus hat uns wiederholt und eindringlich verboten, irgendeinen Menschen zu verurteilen. Zur Sünderin sagte er: »Auch ich verurteile dich nicht.« Der Mensch ist also kein »Gegenstand des Urteils«, nicht einmal des Urteils Christi. Nur der Mensch kann sich selbst verurteilen. Verdammung ist immer nur Selbstverdammung. Christus beschränkt sich lediglich darauf, seine Liebe zu offenbaren. Im Angesicht dieser Liebe hat der Mensch über sich selbst zu urteilen. Wer das Ja seines Lebens im Tod ausspricht, wird nicht verurteilt. Wer aber zur Liebe Christi nein sagt, hat sich selbst schon verurteilt. Jegliches Urteilen seitens Christi erübrigt sich also. Gericht ist nichts anderes als die Offenbarung der Liebe und die Entscheidung des Menschen gegenüber dieser Liebe.

Wenn man versucht, in diese Zusammenhänge mehr einzudringen, bemerkt man, daß hier über den Menschen etwas Letztes und Endgültiges ausgesagt wird. Es gibt im Menschen eine heilige »Vorbehaltenheit«, die nicht einmal Christus anrühren will. In dieser Vorbehaltenheit – die nichts anderes ist als die Radikalität der kreatürlichen Freiheit – darf ein Geschöpf Gottes, selbst wenn es von Gott abgefallen ist, nicht angetastet werden. Jegliche Entehrung der Freiheit würde eine Beleidigung Gottes, des Schöpfers dieser Freiheit, bedeuten ... Die Freiheit, jegliche Freiheit, stellt in der Welt ein Absolutum dar. Das Absolute ist aber schlechthin unberührbar, unmanipulierbar. Nicht einmal Gott kann etwas tun, wenn ein Geschöpf – etwa der Mensch im Tod – ihm ins Angesicht sagt: Nein. Hierin besteht die Herrlichkeit, aber auch die furchtbare Bedrohung unserer Freiheit.

Mit seinem, dem klar erkannten, sich in Liebe offenbarenden Christus gegenüber ausgesprochenen Nein wirft sich der Mensch in eine unendliche Verlassenheit hinein. Im Tod wird der Mensch ganz »er selbst«, holt sich vollkommen ein und vermag so – anders als während seines irdischen Lebens – sein Wesen in einem ganzheitlichen Akt vollkommen auszuzeugen...

Die Hölle ist nicht eine äußere Strafe für eine vergangene (jetzt vielleicht bitterlich bereute) Sünde. Sie ist die Sünde schlechthin, eine immer gegenwärtige, mit dem ganzen Wesen bejahte. Sie ist die Zurückweisung der Liebe Christi, ein unaufhörliches Sich-hinein-Begeben in die Gottesferne. Würde Gott aufhören, den sich Verdammenden zu lieben, so würde auch die Hölle augenblicklich aufhören, Hölle zu sein. Aber Gott kann nicht anders als lieben. Sein Wesen besteht aus Liebe. Seine Liebe ist vollkommen unabhängig davon, wie sich das Geschöpf dieser Liebe gegenüber verhält. Wir können Gott nicht zwingen, nicht zu lieben. In dem Augenblick also, da der Verdammte seine Tat der Selbstverdammung bereuen würde, wäre er im Himmel. Aber gerade das will er nicht tun. Und darin besteht seine Hölle...

Entnommen aus: Ladislaus Boros (Quelle wie bei Text 29–31), Seite 97–102 in Auszügen.

Himmel als das Wesen unserer Zukunft

...Die Offenbarung reiht ein Bild zum andern, um uns das unendliche 57
Glück des ewigen Beschenktseins unkompliziert nahezubringen: Ich will ihm ein Gott sein, und er wird mir ein Kind; mit Christus werden die Gerechten auf dem Throne Gottes sitzen; sie werden die Welt richten; sie werden leuchten wie die Sonne; Gott wird ihnen den Morgenstern geben. – Bilder des Glücks, der Reinheit, der Helle und der Lebendigkeit; Bilder, die der Einfachste versteht und die dennoch in ihrer tiefgreifenden Symbolik alles Aussagbare übersteigen. Welcher Theologe hat schon diese Bilder ausgewertet: Sitzen auf dem Throne Gottes, die Welt richten, Sonne und Licht sein, die Krone der Herrlichkeit tragen, den Morgenstern besitzen...

Was verspricht uns Christus? Einer Samaritanerin Wasser; dem Volk Brot; den Fischern überfülltes Netz; den Händlern kostbare Perlen; dem Landmann, daß seine Hacke einmal unerwartet einen Schatz ans Tageslicht befördert; den Bauern hundertfache Frucht; uns allen Wissen, Erkennen, Geborgenheit. Die Apokalypse läßt die Farben der Welt leuchten; kostbare Edelsteine funkeln; die Stimmen der Natur ertönen und begleiten die Triumphgesänge der Menschen; die Luft ist erfüllt von Düften, die goldenen Gefäßen entsteigen. Auf weißem Roß, begleitet von berittenen Heerscharen, erscheint der, welcher der Treue und Wahrhaftige ist. Sein Name ist: Wort Gottes, König der Könige. Sein Mantel ist blutgetränkt. In einem letzten Kampf hat er unser Wesen hinübergerettet in die Vollendung. Er feiert die Hochzeit des Lammes. Vom Himmel ertönt eine Stimme: »Den Sieger will ich zu einer Säule im Tempel meines Gottes machen. Er soll meinen Platz dort nie mehr verlieren.« Eine »Säule« im Tempel Gottes bedeutet: immerfort wirken, die Welt tragen, sicher und ruhig, in ewiger Lebendigkeit endloser Existenz.

Jesus schildert das ewige Leben immer wieder als eine Vereinigung mit Gott. »Wer mich liebt, bewahrt mein Wort. Mein Vater wird ihn lieben, und wir werden zu ihm kommen und Wohnung bei ihm nehmen. « – »Ihr sollt in meinem Reiche an meinem Tische essen und trinken.« – »Siehe, ich stehe vor der Türe und klopfe an. Wenn jemand meine Stimme hört und mir die Türe öffnet, will ich bei ihm einkehren und Mahl mit ihm halten und er mit mir. Den Sieger lasse ich mit mir auf meinem Throne sitzen, wie auch ich gesiegt und mich zu meinem Vater auf seinen Thron gesetzt habe.« Gott wird mein ewiges Du.

Versuchen wir nun die Worte zu vergessen und in jenes Geheimnisträchtige hinunterzuspüren, das im Gebet Christi beim letzten Abendmahl enthalten ist: »Vater, die Welt hat dich nicht erkannt; ich habe dich erkannt, und diese, die mit mir sind, haben dich auch erkannt und erahnt, daß du mich gesandt hast; ich habe ihnen deinen Namen kundgetan, damit jene Liebe, mit der du mich geliebt hast, in ihnen sei und ich in ihnen.«

Diese Liebe Gottes in uns wird sich im Himmel entfalten zum ewigen Sein...

Entnommen aus: Ladislaus Boros, Wir sind Zukunft, Matthias-Grünewald-Verlag, Mainz 1969, S. 163 f.

III. AUFERSTEHUNG

> Die Auferstehung Christi von den Toten ist in der Religionsgeschichte analogielos, aber die apokalyptische Weltverwandlung zu einem noch völlig Unvorhandenen findet außerhalb der Bibel nicht einmal eine Andeutung. *Ernst Bloch*

Diskussion um die Auferweckung Jesu

HUGO STAUDINGER

*Anmerkung eines Historikers**

... In einer früheren Zeit, in der die Theologie weithin vom Gedanken der 58
Verbalinspiration[1] geprägt war, haben sich verschiedene Historiker deshalb bei den Theologen unbeliebt gemacht, weil sie darauf hinwiesen, daß sich vom Standpunkt historischer Forschung bestimmte Widersprüche in den Evangelien befinden, die es nicht geben könnte, wenn den Evangelisten jedes Wort vom Heiligen Geist diktiert worden wäre. Inzwischen haben die Theologen weithin eine neue theologische Position bezogen. Man hat nicht nur den Gedanken der Verbalinspiration aufgegeben, sondern eine theologische Konzeption entwickelt, in der Wunder und auch allzu eindeutige Manifestationen des Auferstandenen – wie z. B. das leere Grab – schlecht unterzubringen sind. In dieser neuen Lage erscheinen den Theologen – soweit ich es sehe – wir Historiker aus einem neuen Grunde als lästig und störend: weil wir es für notwendig halten, darauf hinzuweisen, daß sich dergleichen außergewöhnliche Dinge nach dem kaum bezweifelbaren Zeugnis der Quellen tatsächlich ereignet haben. Bei mir persönlich besteht freilich kein Zweifel, daß sich auch in diesem Falle die Ergebnisse der historischen Forschung auf die Dauer behaupten werden und daß diese Forschung die Theologen erneut dazu bringen wird, ihre Konzeption zu ändern.

Entnommen aus: Hugo Staudinger, Die historische Glaubwürdigkeit der Evangelien, Schriftenmissions-Verlag/Verlag Kath. Bibelwerk, Gladbeck/Stuttgart 1969, S. 121.

RUDOLF BULTMANN

Einführender Hinweis: *Bultmann weiß um die Notwendigkeit, die Oster-* 59
botschaft des Neuen Testamentes so zu interpretieren, daß sie auch vom heutigen Menschen, dessen Weltbild von der Natur- und Geschichtswissenschaft geprägt ist (vgl. Text 23f.), vernommen werden kann. Das erfordert nach seiner Überzeugung auf seiten der Verkündigung *(Kerygma) die Entmythologisierung des Neuen Testamentes, auf seiten des* Hörers *setzt dies die Bereitschaft voraus, die positivistische Weltsicht, nach der nur das Bedeutung hat, was die Wissenschaften zur Geltung bringen, durch die andere »kosmisch-eschatologische« Dimension, die nur dem Glauben offensteht, zu ergänzen. An einem Beispiel veranschaulicht: eine*

---

[1] Verbalinspiration: Die Annahme, die Einflußnahme Gottes auf die Verfasser der Bibel erstrecke sich auf alle einzelnen Wörter ihrer in der Bibel enthaltenen Schriften.

Kugel hat eine Oberfläche und ein Volumen. Die positiven Wissenschaften ermitteln die Wirklichkeit der Oberfläche, d. h. all das, aber auch nur das, was im Kausalnexus des Raum-Zeit-Kontinuums feststellbar ist. Das Volumen der Kugel, die »kosmisch-eschatologische« Wirklichkeit, erschließt sich dem Menschen nur im Kerygma, soweit es glaubend gehört wird. Solches Hören und Verstehen der Botschaft ist aber nur in dem Maß möglich, als der Glaube konkret wird: nur »wer die Wahrheit tut, kommt ans Licht« (Jo 3,21). Das hat seinen Grund darin, »daß wahre menschliche Existenz allein im Vollzug des Existierens besteht« [Bultmann im Anschluß an die Existenzphilosophie Martin Heideggers].
Daraus ergibt sich für Bultmann, daß der Auferstandene nur im Kerygma begegnet, doch aus diesem Satz folgt für ihn keineswegs, daß der Auferstandene außerhalb der Verkündigung nicht existiert. Schreibt er doch über die Wirklichkeit Gottes: »Aus dem Satz, daß nur der Glaube, der sich von Gott getroffen weiß, von Gott reden kann ... folgt keineswegs, daß Gott nicht außerhalb des Glaubens bzw. des Glaubensaktes wirklich sei«.

*Warum das Kreuz nicht als mythisches Ereignis verstanden werden muß**

60 Indem Gott Jesus kreuzigen ließ, hat er für uns das Kreuz errichtet: An das Kreuz Christi glauben heißt nicht, auf einen mythischen Vorgang blikken, der sich außerhalb unser und unserer Welt vollzogen hat, auf ein objektiv anschaubares Ereignis, das Gott als uns zugute geschehen anrechnet; sondern an das Kreuz glauben heißt, das Kreuz Christi als das eigene übernehmen, heißt, sich mit Christus kreuzigen lassen. Das Kreuz ist als Heilsgeschehen nicht ein isoliertes Ereignis, das an Christus als mythischer Person passiert ist, sondern dieses Ereignis hat in seiner Bedeutsamkeit »kosmische« Dimension. Und seine entscheidende geschichtsumgestaltende Bedeutung wird dadurch zum Ausdruck gebracht, daß es *als das eschatologische Ereignis gilt;* das heißt, es ist nicht ein Ereignis der Vergangenheit, auf das man zurückblickt; sondern es ist das eschatologische Ereignis in der Zeit und jenseits der Zeit, sofern es, in seiner Bedeutsamkeit verstanden, d. h. für den Glauben, *stets Gegenwart* ist...
Als Heilsgeschehen ist also das Kreuz Christi kein mythisches Ereignis, sondern ein geschichtliches Geschehen, das in dem historischen Ereignis der Kreuzigung Jesu von Nazareth seinen Ursprung nimmt. Dieses ist in seiner geschichtlichen Bedeutsamkeit das Gericht über die Welt, das befreiende Gericht über den Menschen. Und insofern es das ist, ist Christus »für uns« gekreuzigt... (42 f.)

Die Auferstehung

61 *...Kann die Rede von der Auferstehung Christi etwas anderes sein als der Ausdruck der Bedeutsamkeit des Kreuzes?*
...Kreuz und Auferstehung sind eine Einheit, indem sie zusammen das eine »kosmische« Ereignis sind, durch das die Welt gerichtet und die Möglichkeit echten Lebens beschafft worden ist. Dann *kann aber die Auferstehung nicht ein beglaubigendes Mirakel sein,* dessen feststellbare Sicherheit den Fragenden davon überzeugen könnte, daß das Kreuz wirklich die ihm zugeschriebene kosmisch-eschatologische Bedeutung hat.

Es ist nun freilich nicht zu leugnen, daß im Neuen Testament die Auferstehung Jesu vielfach als solch beglaubigendes Mirakel aufgefaßt wird. So wenn es heißt, daß Gott den Beweis für Christi Anspruch dadurch geliefert hat, daß er ihn von den Toten erweckte (Apg. 17,31). So in den Legenden vom leeren Grabe und in den Ostergeschichten, die von Demonstrationen der Leiblichkeit des Auferstandenen berichten (bes. Luk 24, 39–43). Aber zweifellos sind das spätere Bildungen, von denen Paulus noch nichts weiß. Freilich auch Paulus selbst will einmal das Wunder der Auferstehung durch Aufzählung der Augenzeugen als historisches Ereignis sicherstellen (1. Kor. 15,3–8) ...
... *Die Auferstehung Jesu kann nicht ein beglaubigendes Mirakel sein,* auf das hin der Fragende nun sicher an Christus glauben kann. Nicht nur deshalb, weil sie als mythisches Ereignis – die Rückkehr eines Gestorbenen in das Leben der diesseitigen Welt (darum handelt es sich ja; denn der Auferstandene wird mit den leiblichen Sinnen wahrgenommen) – unglaubhaft ist; nicht nur, weil die Auferstehung auch durch noch so viele Zeugen nicht als objektives Faktum festgestellt werden kann, so daß nun daraufhin ohne Bedenken geglaubt werden könnte und der Glaube seine sichere Garantie hätte. Vielmehr ist die *Auferstehung selbst Gegenstand des Glaubens;* und man kann nicht einen Glauben (den an die Heilsbedeutung des Kreuzes) durch einen anderen Glauben (den an die Auferstehung) sichern ...

Wie kommen wir dazu, an das Kreuz als Heilsgeschehen zu glauben?
Hier scheint es mir nur *eine* Antwort zu geben: Weil es als solches ver- 62
kündigt wird, weil es mit der Auferstehung verkündigt wird. *Christus, der Gekreuzigte und Auferstandene, begegnet uns im Worte der Verkündigung,* nirgends anders. *Eben der Glaube an dieses Wort ist in Wahrheit der Osterglaube.*
Es wäre nämlich eine Verirrung, wollte man hier zurückfragen nach dem historischen Ursprung der Verkündigung, als ob dieser ihr Recht erweisen könnte. Das würde bedeuten: den Glauben an Gottes Wort durch historische Untersuchung begründen zu wollen. Das Wort der Verkündigung begegnet als Gottes Wort, demgegenüber wir nicht die Legitimationsfrage stellen können, sondern das uns nur fragt, ob wir es glauben wollen oder nicht. Es fragt uns aber so, daß es, indem es uns gebietet, an Tod und Auferstehung Christi als das eschatologische Geschehen zu glauben, uns die Möglichkeit des Verständnisses unser selbst eröffnet. Glaube und Unglaube sind deshalb nicht blinder, willkürlicher Entschluß, sondern verstehendes Ja oder Nein.
Der verstehende Glaube an das Wort der Verkündigung ist der echte Osterglaube ... Im Erklingen des Wortes werden Kreuz und Auferstehung Gegenwart, ereignet sich das eschatologische Jetzt ... Im gepredigten Wort und nur in ihm begegnet der Auferstandene ... (44–47)

Entnommen aus: Rudolf Bultmann, Neues Testament und Mythologie (Quelle wie Text 23 f.), Seitenangaben beim Text.

63 Mehrfach und meist als Kritik wird gesagt, daß nach meiner Interpretation des Kerygmas Jesus ins Kerygma auferstanden sei. Ich akzeptiere diesen Satz. Er ist völlig richtig, vorausgesetzt, daß er richtig verstanden wird. Er setzt voraus, daß das Kerygma selbst eschatologisches Geschehen ist; und er besagt, daß Jesus im Kerygma wirklich gegenwärtig ist, daß es *sein* Wort ist, das den Hörer im Kerygma trifft. Ist das der Fall, so werden alle Spekulationen über die Seinsweise des Auferstandenen, alle Erzählungen vom leeren Grabe und alle Osterlegenden, welche Momente an historischen Fakten sie auch enthalten mögen und so wahr sie in ihrem symbolischen Gehalt sein mögen, gleichgültig. An den im Kerygma präsenten Christus glauben, ist der Sinn des Osterglaubens.

Entnommen aus: Rudolf Bultmann, Das Verhältnis der urchristlichen Christusbotschaft zum historischen Jesus. Universitätsverlag Carl Winter, Heidelberg 1960, S. 27.

KARL BARTH

Die Interpretation der Auferstehung durch R. Bultmann *

64 R. Bultmann »entmythologisiert« das Osterereignis, indem er es interpretiert als »die Entstehung des *Glaubens* an den Auferstandenen, in dem die *Verkündigung* ihren Ursprung hat«. Das wird freilich so nicht gehen: die Entstehung des Glaubens an den Auferstandenen kommt zustande durch dessen geschichtliche Erscheinung, und diese als solche, nicht die Entstehung des Glaubens an ihn, ist das Osterereignis...

... Die Ostergeschichte ist ... (nach Bultmann) nur die erste Glaubensgeschichte und die Osterzeit nur die erste Glaubenszeit. Und die Erinnerung an diese Geschichte und Zeit ist dann nur insofern eine Erinnerung an Jesus selber, als es diese Geschichte und Zeit war, in der die ersten Jünger über ihre Auffassung von ihm und insbesondere von seinem Tode mit sich ins Reine kamen, in der sie das allerdings in einer durch das mythische Weltbild ihrer Zeit aufs Schwerste belasteten und darum für uns unverbindlichen und praktisch unannehmbaren Weise getan haben. *Er*, Jesus selber, ist in dieser Geschichte und Zeit faktisch *nur* im Glauben seiner Jünger auf dem Plan. Die »Selbstkundgabe« des »Auferstandenen« spielt sich in ihnen selbst und *nur* in ihnen ab. Es geschah *nichts* zwischen ihm und ihnen; es kam *nicht* zu einer neuen und in ihrer Neuheit entscheidenden und grundlegenden Begegnung zwischen ihm und ihnen, in der dann ihr Glaube entstanden wäre. Nur *sie* waren in dieser Zeit. *Er* war es *nicht...*

Wir rechnen hier damit, daß gerade das Gegenteil richtig ist: Der Satz gilt gerade in seinem einfältigen Sinn, und so und nicht anders ist er der Zentralsatz des ganzen neutestamentlichen Zeugnisses. Also: Jesus selber *ist* auferstanden und seinen Jüngern erschienen und dies ist der Inhalt der Ostergeschichte, der Osterzeit, des christlichen Glaubens und der christlichen Verkündigung damals und zu allen Zeiten, dies der Existenzgrund der Kirche und ihrer Sakramente, dies – wenn man es so nennen will – das »eschatologische Geschehen« in seiner offenbaren, in der österlichen Gestalt, dies die Tat Gottes – in der Gott in der Herrlichkeit seines fleischgewordenen Wortes zunächst dem Unglauben, dann, in dessen Überwindung, dem Glauben der Jünger *gegenüber*trat, so daß sie mit ihrem Glauben nicht allein waren, so daß ihr Glaube durch ihn, in diesem Gegenüber, begründet, geweckt, geschaffen wurde – ihr *Glaube,* der nun doch erst *sekundär* darin bestand, daß sich Jesu Sterben und Auferstehen auch in ihrem Leben nachbildete, gewissermaßen abschattete – *primär* aber darin, daß sie sich für solche halten und als solche verhalten durften, *für* die Jesus gestorben und auferstanden war... Wir meinen, daß man den Texten des Neuen Testamentes höchste Gewalt antun muß, um es anders, um es so wie Bultmann zu sagen. – Aber wir wollen uns der Pflicht nicht entziehen, über diese Feststellung hinaus kurz zu erklären, warum wir uns durch Bultmanns Darlegung nicht für überzeugt halten können.

Bultmann ist Exeget. Aber ich denke nicht, daß man exegetisch mit ihm 65
diskutieren kann, weil er zugleich ein Systematiker von solchem Format ist, daß es wohl kaum einen Text geben dürfte, in dessen Behandlung nicht sofort gewisse Axiome (Grundvoraussetzungen) seines Denkens so beherrschend sichtbar werden, daß an der Frage ihrer Gültigkeit schlechterdings Alles sich entscheidet. Ich versuche im Folgenden eine Stellungnahme zu den in diesem Zusammenhang wichtigsten seiner Axiome:

1. Ist es wahr, daß man einen theologischen Satz dann und nur dann als gültig bejahen kann, wenn er sich als ein echter Bestandteil des christlichen Verständnisses der *menschlichen Existenz* ausweisen kann? Bultmann verwirft den Satz, daß die Auferstehung Jesu in der Zeit und im Raume geschehen sei, darum, weil er dieses Postulat nicht erfüllt. Er erfüllt es in der Tat nicht. Gottes Handeln erscheint ja da »in unverständlicher Weise verflochten mit einem Naturgeschehen«. Die sämtlichen Hauptsätze des christlichen Bekenntnisses erfüllen dieses Postulat auch nicht. Sie beziehen sich wohl alle auf die menschliche Existenz. Sie ermöglichen und begründen deren christliches Verständnis, und so werden sie denn – abgewandelt – auch zu Bestimmungen der menschlichen Existenz. Sie sind es aber nicht von Haus aus.

Sie bestimmen von Haus aus das Sein und Handeln des vom Menschen *verschiedenen,* des dem Menschen *begegnenden* Gottes: des Vaters, des Sohnes, des Heiligen Geistes. Sie sind schon darum nicht auf Sätze über das innere Leben des Menschen zu reduzieren. Und sie sind schon darum auch voll »Natur«, voll Kosmos. So auch der Satz von der Auferstehung Jesu Christi von den Toten...

2. Ist es wahr, daß man ein angeblich in der Zeit geschehenes Ereignis dann und nur dann als wirklich geschehen anerkennen kann, wenn man in der Lage ist, nachzuweisen, daß es ein *»historisches Faktum«* ist? – »historisch«, d. h. feststellbar mit den Mitteln und Methoden und vor allem auch unter den stillschweigenden Voraussetzungen der modernen historischen Wissenschaft? Dies ist Bultmanns Meinung. Er verwirft also den Bericht über die Geschichte der vierzig Tage, weil er ihren Inhalt, soweit es sich um den lebendigen Jesus und nicht nur um die an ihn glaubenden Jünger handelt, nicht unter die »historischen Fakta« in diesem begrenzten Sinn des Begriffs einzureihen vermag. Er hat darin ganz recht: niemand

vermag das. Er hat aber darin nicht recht, er macht damit einen unerlaubten Sprung, wenn er folgert, daß das Berichtete aus diesem Grund nicht *geschehen* sei. Kann sich nicht auch *solche* Geschichte wirklich ereignet haben, und kann es nicht eine legitime Anerkennung auch *solcher* Geschichte geben, die »historisches Faktum« zu nennen man schon aus Gründen des guten Geschmacks unterlassen wird, die der »Historiker« im modernen Sinn des Begriffs gut und gerne »Sage« oder »Legende« nennen mag, weil sie sich den Mitteln und Methoden samt den stillschweigenden Voraussetzungen dieses Historikers in der Tat entzieht? Es hängt mit dem Sachgehalt der Bibel zusammen, daß sie zwar ein großer zusammenhängender Geschichtsbericht und nun doch von Anfang bis zu Ende voll ist von Berichten gerade über *solche* Geschichte, während sie verhältnismäßig sehr wenig »Historie« enthält. ... Die Ostergeschichte ist es fast ganz: mit einem schmalen »historischen« Rand. Warum soll sie darum nicht geschehen sein? Es beruht auf einem Aberglauben, daß nur das »historisch« Feststellbare wirklich in der Zeit geschehen sein könne. Es könnte Ereignisse geben, die viel sicherer wirklich in der Zeit geschehen sind als alles, was die »Historiker« als solche feststellen können. Wir haben Gründe, anzunehmen, daß zu diesen Ereignissen vor allem die Geschichte von der Auferstehung Jesu gehört. »Sie ist kein historisches Phänomen in dem Sinne der Weltgeschichte; sie ist aber ein geschichtliches Phänomen in dem Sinne, daß sie sich in der Geschichte verwirklicht.« Bultmann sagt das von der Kirche. Eben das ist – in eminentem Sinn – von der Auferstehung Jesu zu sagen.

3. Ist es wahr, daß die *Feststellung* des wirklichen Geschehenseins einer solchen kraft ihres Inhalts der »historischen« Feststellung unzugänglichen – sagen wir es denn: einer solchen sagen- oder legendenhaften Geschichte nur den Charakter des »blinden Akzeptierens« eines Mythologumens und also den Charakter eines Willküraktes, einer Erniedrigung des Glaubens zum Werk, eines abgezwungenen, unwahrhaftigen sacrificium intellectus [Preisgabe des Denkens] haben könne? So verklagt Bultmann ... die, die zum wirklichen Geschehensein der Auferstehung Jesu nun dennoch Ja sagen. Muß man sich das gefallen lassen? Woher soll es denn ausgemacht sein, daß die Botschaft vom auferstandenen Christus durchaus das finstere Gesicht eines Glaubensgesetzes haben müsse, dem man sich, wenn überhaupt, dann nur in einer Art von intellektuellem Krampf unterwerfen könne?

Im Neuen Testament selbst jedenfalls hat sie den Charakter einer Freudenbotschaft, der man Glauben schenken *darf:* den Glauben sogar, den man gerade ihr selbst zu *verdanken* sich bewußt ist und das wirklich nicht nur darum, weil sie den Leuten damals – des allgemein herrschenden mythischen Weltbildes wegen – angeblich so viel leichter einging als uns Heutigen. Reichlich »unglaubwürdig« scheint die Osterbotschaft ja doch schon damals nicht nur den Gebildeten auf dem Areopag, sondern schon den ersten Jüngern selbst erschienen zu sein. Es ist nicht abzusehen, warum sie nicht auch heute in Freiheit und Freude bejaht werden könnte...

4. Ist es wahr, daß es ein »unwiderruflich durch die Wissenschaft geform-

tes« modernes Denken, ein *modernes Weltbild* gibt, das dem »mythischen« in der Weise entgegengesetzt und überlegen wäre, daß es uns in Sachen unseres Ja und Nein gegenüber den konkreten Inhalten der Bibel zum vornherein und unbedingt zu binden und zu verpflichten vermöchte? Wieder vertritt hier Bultmann die wohlbekannte, die reichlich humorlose Marburger Tradition, laut derer das erste Gebot der Wahrhaftigkeit unweigerlich darin bestünde, daß man sich in dieser Hinsicht nur ja keine Freiheiten erlauben dürfe. »Man kann nicht elektrisches Licht und Radioapparat benützen, in Krankheitsfällen moderne medizinische und klinische Mittel in Anspruch nehmen und gleichzeitig an die Geister- und Wunderwelt des Neuen Testaments glauben.« Wen schauderte da nicht? Aber wenn nun das moderne Weltbild in Wirklichkeit gar nicht so abgeschlossen, das moderne Denken so einheitlich gar nicht wäre, wie man es uns einst unter der Diktatur der Marburger Kant-Schule glauben machen wollte? Welche Kritik am Neuen Testament erwächst nun eigentlich mit *Notwendigkeit* »aus der Situation des modernen Menschen«? Und vor allem: wenn es nun unter bestimmten Voraussetzungen auch für diese und jene Radiobenützer usf. ein Gebot der Wahrhaftigkeit gäbe, das für sie bei allem Respekt vor den Errungenschaften der Neuzeit *noch* zwingender wäre als das, sich den Forderungen des neuzeitlichen common sense unter allen und jeden Umständen zu unterziehen? Wenn sie nun eben – nicht zu einer fides implicita[1] gegenüber irgend einer »Geister- und Wunderwelt«, wohl aber zum Glauben an den von den Toten auferstandenen Jesus Christus in heiterer Freiheit rein faktisch Ja sagen dürften, gar nicht anders können, als eben dazu Ja zu sagen?

5. Ist es wahr, daß man einen Satz heute schon darum zu verneinen hat, weil er – oder so etwas Ähnliches wie er – auch im *mythischen Weltbild* der Vergangenheit seine Möglichkeit und seinen Ort hatte? Ist es wahr, daß er schon darum für uns nicht wahr sein kann? Ist es nicht eine Art von Katastrophenpolitik, wenn Bultmann uns zumutet, jenes mythische Weltbild entweder ganz oder dann eben gar nicht zu akzeptieren, als ob die Christenheit überhaupt den Auftrag hätte, Weltbilder zu akzeptieren oder zu verwerfen! Als ob sie hinsichtlich der verschiedenen Weltbilder nicht aus guten Gründen immer eklektisch gewesen wäre! Wir brauchen uns wirklich nicht auf jenes mythische Weltbild festzulegen.

Man sollte aber auch nicht verkennen, daß jenes mythische Weltbild Elemente enthielt, von denen die urchristliche Gemeinde, indem sie von Jesus Christus zu zeugen hatte, mit Bedacht und mit gutem Recht Gebrauch machte, während sie in dem, was wir als unser modernes Weltbild zu kennen meinen, mit Unrecht verschwunden oder doch zurückgetreten sind, so daß wir allen Anlaß haben, in bestimmten Zusammenhängen mit bestem Gewissen »mythisch« zu reden, weil wir sonst, wenn wir uns allzu gründlich »entmythologisieren« würden, gerade von Jesus Christus nicht mehr zeugen könnten. Indem Bultmann z. B. den Zusammenhang zwischen Sünde und Tod, den Begriff der Stellvertretung, die Beziehung

---

[1] fides implicita: ein Glaube, der [hier] die Existenz einer »Geister- und Wunderwelt« eingeschlossen hat.

zwischen Tod und Auferstehung als besonders störende und für uns »erledigte« Elemente jenes mythischen Weltbildes bezeichnet, dürfte er doch selbst ein Beispiel dafür sein, wie man einem allzu schneidigen Fertigsein mit dem Ganzen jenes mythischen Weltbildes als Theologe richtig zum Opfer fallen kann. Die »Entstehung des Osterglaubens« in den ersten Jüngern ist eine gute Sache. Man sollte uns aber nicht einreden wollen, daß das Zeugnis von dieser Sache das abhanden gekommene »mythische« Zeugnis von dem von den Toten auferstandenen Jesus Christus in angemessener Weise ersetzen könne!
Ich meine damit die entscheidenden Gründe genannt zu haben, weshalb und in welchem Sinn wir *trotz* Bultmann dabei bleiben müssen, die Auferstehung Jesu und seine Erscheinung als Auferstandener unter seinen Jüngern als eine wirkliche, zu ihrer besonderen *Zeit* geschehene *Geschichte* zu verstehen.

Entnommen aus: Karl Barth, Kirchliche Dogmatik, Bd. III/2. EVZ-Verlag, Zürich [2]1959, S. 531–537 in Auszügen.

WILLI MARXSEN

*Die Auferstehung Jesu – ein zeitbedingtes Interpretament**

66 ...Wir können mit großer Sicherheit sagen, daß Zeugen ein Sehen des Gekreuzigten widerfuhr. Noch genauer müssen wir formulieren: Zeugen behaupten nach dem Tode Jesu, *ihn* gesehen zu haben – und eben dieses Sehen drücken sie unterschiedlich, zum Teil schon mit anfänglichen Interpretationen dieses Sehens, aus.
Auf Grund dieses Widerfahrnisses des Sehens aber, das Zeugen behaupteten, kamen sie dann durch *reflektierende Interpretation* zu der Aussage: Jesus ist von Gott auferweckt worden bzw. er ist auferstanden. – Natürlich waren sie *dann* auch der Meinung, hier von einem wirklich geschehenen Ereignis zu reden. Sie waren nun vom Ereignet-Sein der Auferwekkung Jesu überzeugt.
Wir sind aber heute *nicht* mehr in der Lage, so unmittelbar von der Auferstehung Jesu als von einem *Ereignis* zu reden, sondern *müssen* einfach sagen: Es handelt sich um ein *Interpretament* [1], dessen sich diejenigen bedient haben, die ihr Widerfahrnis (damals!) reflektierten. Wenn man heute also *historisch* (!) die Frage stellt: Ist Jesus auferstanden?, dann können wir nur antworten: Das läßt sich nicht feststellen. Historisch läßt sich nur feststellen (das aber sicher!), daß Menschen nach dem Tode Jesu ein ihnen geschehenes Widerfahrnis behaupteten, das sie als Sehen Jesu bezeichneten – und die Reflexion dieses Widerfahrnisses führte diese Leute zur *Interpretation:* Jesus ist auferweckt worden. (19 f.)
Durch die Widerfahrnis des Sehens ausgelöst, wird also die »Sache Jesu« weitergebracht... Die Sache Jesu wird aber weitergebracht durch seine Zeugen. Sie stehen in ihrer Funktion nun an Jesu Statt. Das Recht für dieses Weiter-Bringen begründen sie damit, daß sie Jesus nach seiner Kreuzigung gesehen hätten.

---

[1] Interpretament: Verstehenshilfe.

In diesem Zusammenhang muß man nun, wie ich meine, dem Satz einfach zustimmen: »Jesus ist in das Kerygma auferstanden«[2], wenn er auch terminologisch ungenau ist ... Nicht um *Auferstehung* ins Kerygma[3] geht es..., sondern um die Präsenz Jesu im Kerygma seiner Zeugen, um die *lebendige* Präsenz des gekreuzigten Jesus. – Wir können also den Inhalt der durch das Widerfahrnis ausgelösten Funktion zunächst und vorläufig so angeben: Die »Sache Jesu« geht weiter. Es geht um die Weiter-Ereignung des Jesuskerygmas – wobei neu allerdings dieses ist, daß die Weiter-Ereignung geschieht, ohne daß der irdische Jesus sichtbar noch anwesend ist. Und sie geschieht so, daß die alte, von Jesus gebrachte »Sache« – nun aber auch nicht von ihm abstrahiert wird. Die Zeugen machen keine Idee daraus, keine Wahrheiten, die man von Jesus lösen könnte, keine Ideologie und keine Religion; sondern die Weiter-Ereignung des Jesuskerygmas bleibt immer Weiter-Ereignung des *Jesus*kerygmas. (25 f.) 67

Man darf dabei aber immer dieses nicht vergessen: Solches Sich-Einlassen auf die »Sache Jesu« *kann* durchaus geschehen, auch ohne daß man expressis verbis[4] sagt: Er ist auferstanden. Es ist also keineswegs *nötig*, von Auferstehung Jesu in eben *dieser* Terminologie zu reden. (27 f.)

Nicht die Auferstehung ist das entscheidende Datum (man kann bei der Auferstehung nun ja gerade nicht im eigentlichen Sinne von einem Datum reden), sondern *Jesus* war das »Datum«, sein Reden und Tun. Jesus wurde *in seinem irdischen Wirken* als Antizipation des Eschaton[5] erfahren, als Ereignung Gottes. Er wurde als der erfahren, der das Gericht vorwegnahm, indem er die Stellung der Menschen zu sich und zu seinem Ruf als für das Ende gültig und damit als endgültig bezeichnete – und eben damit den Menschen die Angst vor dem Gericht nahm und ihnen Zukunft eröffnete... Diese – an ihn gebundene – Ereignung Gottes, die mit seinem Tode *eigentlich* vorbei war, wurde durch das Widerfahrnis des Sehens neu ausgelöst. (33)

So ist also die Frage nach der Auferstehung Jesu zuletzt keine Frage nach einem *Ereignis* nach Karfreitag, sondern es ist die Frage nach dem irdischen Jesus und (unlösbar damit verbunden!) die Frage, wie *seine* Sache später erfahrene Wirklichkeit wurde und heute erfahrbare Wirklichkeit werden kann. (35)

Entnommen aus: Willi Marxsen, Die Auferstehung Jesu als historisches und als theologisches Problem, Gütersloher Verlagshaus Gerd Mohn, Gütersloh 1964. Seitenangaben beim Text.

JACOB KREMER

Ist die Auferstehung Jesu ein zeitbedingtes Interpretament? *

Ist die Auferstehung Jesu ein Ereignis oder bloß ein Interpretament? Dieser Frage stellt sich W. Marxsen in einem scharfsinnigen, durch die klare 68

---

[2] vgl. R. Bultmann im Text 61 f. und K. Barth im Text 64.

[3] Kerygma (griech.): Verkündigung, Botschaft.

[4] expressis verbis (lat.): ausdrücklich.

[5] Eschaton (griech.): Das durch Gott herbeigeführte Ende des Menschen und seiner Welt.

Sprache der historischen Wissenschaft fesselnden Diskussionsbeitrag. Dieser fand bald in weiten Kreisen ein nachhaltiges Echo, auch in katholischen Veröffentlichungen. Marxsen geht von der bekannten Tatsache aus, daß niemand die Auferstehung Jesu gesehen hat, wir darüber nur aufgrund der Behauptungen der Jünger etwas wissen können. Die Frage ist nun die: Wie kamen die Jünger zu dieser Aussage? Der Historiker kann lediglich feststellen, daß die Jünger nach Ostern aufgrund von Widerfahrnissen behaupteten, Jesus sei auferstanden. Damit ist für den Historiker noch nichts über ein Ereignis der Auferstehung selbst ausgesagt. Marxsen meint nun erklären zu können, wie die Jünger zu dieser Aussage kamen: Sie interpretierten lediglich das ihnen widerfahrene »Sehen« Jesu, wodurch sie zum Glauben an Jesus kamen, mit Hilfe des ihnen zur Verfügung stehenden Begriffs (also einem Interpretament) »Auferstehung«. Marxsen meint überdies, in den Texten, die von den Erscheinungen des Auferstandenen bzw. dem Sehen Jesu in Verbindung mit einer Sendung der Jünger sprechen, noch ein anderes, älteres Interpretament entdecken zu können: Die Jünger interpretierten das Widerfahrnis des Sehens Jesu in dem Sinn, daß sie sich gesandt wußten, die Botschaft Jesu weiterzugeben. Gerade aus der Existenz dieses zweiten, mehr funktionalen Interpretaments folgert Marxsen, daß der christliche Glaube an das spätere, mehr personale Interpretament »Jesus ist auferstanden« nicht gebunden sei. Da heute zudem das (nach Marxsen) durch jüdisch-apokalyptische Vorstellungen bedingte Interpretament »Auferstehung« kaum verstanden werde und dem Glauben vieler wie eine »Barriere« hinderlich im Wege stehe, sei es erlaubt und angebracht, die Osterbotschaft mit dem Satz »Die Sache Jesu geht weiter« zu verkünden. Dies sei im Grund das, was die Kirche bekenne, wenn sie sagt: Jesus ist von den Toten auferstanden.
Ließ Bultmann die Frage nach dem Ereignis der Auferstehung offen, sofern sie nicht als ein rein innerweltliches Ereignis aufgefaßt wird, so beantwortet Marxsen sie mit einem »Nein«. Zwar spricht Marxsen immer wieder von einem »Sehen Jesu« und davon, daß Jesus »lebe«, aber es ist doch offenbar *nur* der irdische, historische Jesus, den er – im Unterschied zu R. Bultmann – meint und dessen »Sache« (die Predigt des historischen Jesus) sich nach Ostern weiter ereignet. Auf die Frage: Was ist nach der Kreuzigung mit Jesus geschehen? gibt Marxsen keine Antwort. So scharfsinnig und bestechend die Ausführungen Marxsens sind, so wenig halten sie einer kritischen Prüfung stand und werden darum mit Recht von den katholischen und – soweit ich feststellen kann – den meisten evangelischen Bibelwissenschaftlern abgelehnt. Hier seien im Hinblick auf unsere Frage und wegen der weiten Verbreitung dieser »Neuinterpretation« – oft in einer die Darlegungen Marxsens vereinfachenden Weise – einige Punkte der Kritik erwähnt.

1. Daß die Aussage der Jünger über die Auferstehung Jesu auch den Charakter eines Interpretaments hat, das heißt an damals geläufige Vorstellungen anknüpfte, kann nicht bestritten werden. Aber das Bekenntnis der Urkirche ist weit mehr als ein bloßes, zeitbedingtes und heute nicht mehr verpflichtendes Interpretament. Denn erstens gehörte die Auferste-

hung eines einzelnen vor dem Weltende eben nicht zu den geläufigen Erwartungen des Judentums. Zweitens wird die Auferstehung Jesu gerade nicht einfach nach den ziemlich massiven jüdischen Vorstellungen geschildert, wie sie in Anlehnung an die Vision von Ez 37 über die Auferstehung der Totengebeine verbreitet war. Deshalb steht es drittens völlig im Widerspruch zur Bibel, wenn H. R. Schlette und M. Brändle – anders als Marxsen – annehmen, die Jünger seien nach Ostern in erster Linie aufgrund einer Reflexion über das Alte Testament zu der Interpretation gelangt, Jesus sei auferstanden. Dabei wird ganz übersehen, daß es sich bei der Auferstehung Jesu ja nicht einfach um das Lebendigwerden eines Toten handelt, sondern um die Auferweckung eines Gekreuzigten. Ein Gekreuzigter aber galt im Judentum als ein von Gott Verfluchter. Von sich aus konnten die Jünger ohne ein natürlich kaum zu erklärendes »Etwas« (Dibelius) nicht zu der Verkündigung des »Gekreuzigten« als des »Kyrios« gelangen. Schlier spricht deshalb mit Recht vom »Überwältigtwerden« der Jünger. Kann man schließlich viertens ohne den Begriff »Auferweckung« bzw. »Auferstehung« heute verständlich machen, daß nicht bloß die Sache des historischen Jesus weitergeht, sondern der Gekreuzigte und Begrabene nicht mehr bei den Toten ist?

2. Der von Marxsen bevorzugte Ausdruck »Widerfahrnis« als Bezeichnung für das, was die Bibel mit »erschien« aussagt, hat zwar zunächst den Vorteil, daß darin die Erscheinungen nicht von vornherein als subjektive Vision charakterisiert werden. Er hat aber den Nachteil, daß dadurch das, was die Jünger nach Ostern erlebten, als etwas in sich Unbestimmtes bezeichnet wird, das einer Interpretation bedarf. Bei diesem Begriff – K. Lehmann nennt ihn, da es doch um ein »Sehen« Jesu gehen soll, einen »Un-Begriff« – kommt nicht genügend zum Ausdruck, daß es sich bei den Erscheinungen doch um eine personale Begegnung mit dem Gekreuzigten, der nicht mehr tot ist, handelte. Schlier spricht deshalb von »Begegnis«.

3. Ist die von Marxsen aufgestellte Alternative »Ereignis oder Interpretament« überhaupt richtig? Sie scheint durch die geschichtliche Situation der ganzen Diskussion einseitig bestimmt zu sein. Das ist vor allem in dem Buch Marxsens deutlich erkennbar; denn dort setzt sich Marxsen mit kirchlichen (evangelischen) Erklärungen auseinander, deren Begriff »Auferstehung« sehr stark durch die traditionelle Apologetik geprägt ist. Bei der Frage nach der Wirklichkeit der Auferstehung geht es aber doch nicht bloß um die Alternative »Ereignis« (im Sinn eines rein innerweltlichen, mit historischen Methoden zu beweisenden Geschehens) oder »Interpretament«. Durch eine solche Fragestellung wird ein Verständnis der Osterbotschaft, das mit einer Wirklichkeit rechnet, die mit den Methoden der exakten Wissenschaften nicht erfaßt werden kann, ... ausgeschlossen.

Die einzigartige Wirklichkeit der Auferweckung Jesu

Wie können bzw. sollen wir ... über eine Wirklichkeit der Auferstehung 69
Jesu sprechen? Dazu mögen folgende Feststellungen einen Weg weisen.

1. Es ist schwierig, über die Auferstehung Jesu zu sprechen. Schon im Neuen Testament läßt sich beobachten, wie schwer es ist, über die Auf-

erstehung Jesu, die neue Leiblichkeit und die Erscheinungen des Auferstandenen zu sprechen: Die Auferstehung wird nicht geschildert; über die Erscheinungen wird in sehr verschiedenartiger Weise erzählt, und über den Auferstehungsleib als »Geist-Leib« kann Paulus 1 Kor 15, 44 auch nur in einer paradox anmutenden Sprache schreiben: »Gesät wird ein irdischer Leib, auferweckt ein überirdischer Leib. Wenn es einen irdischen Leib gibt, gibt es auch einen überirdischen«. Der Grund für diese Schwierigkeit liegt darin, daß es sich eben bei der Auferstehung Jesu nicht um ein rein innerweltliches Geschehen handelt, das einfache Lebendigwerden eines Leichnams oder die Rückkehr eines Toten in das Leben dieser Welt, wie dies zum Beispiel von Lazarus (Joh 11) erzählt wird. Es geht bei der Auferstehung Jesu um die endgültige Überwindung des Todes (vgl. Röm 6, 9). Dafür fehlt uns aber im innerweltlichen Bereich jegliche Vergleichsmöglichkeit. Wollen wir darüber sprechen, müssen wir auf Vorstellungen und Begriffe dieser Welt zurückgreifen.
Daß wir über die Auferstehung Jesu nicht mit adäquaten Begriffen sprechen können, muß sich für alle die – Gegner wie Verteidiger der kirchlichen Verkündigung – folgenschwer auswirken, die sich seit Descartes den exakten Wissenschaften verpflichtet fühlen. Ist es nicht für unsere Verkündigung eine große Chance, daß wir heute um die Grenzen der exakten Wissenschaften wissen und die Problematik jeglichen Redens über Gott empfinden? Das verpflichtet uns aber auch, über die Auferstehung Jesu nicht in einer Weise als von einer »Wirklichkeit«, einer »Tatsache« oder gar einem »historischen Ereignis« zu sprechen, ohne zu bedenken, wie unadäquat diese Begriffe sind und wie wenig die biblischen Berichte in der Sprache der exakten Wissenschaften geschrieben wurden.
2. Es ist notwendig und möglich, über die Auferstehung Jesu zu sprechen.
Wenn es so schwer ist, über die Wirklichkeit der Auferstehung Jesu zu sprechen, sollte man dann nicht besser darüber schweigen? Das verbietet uns aber das Neue Testament. Die Apostel wußten sich vom Auferstandenen gesandt, ihn und die an ihm bewirkte Tat Gottes zu bezeugen. Es ist die unverkennbare Aussageabsicht der Apostel, das, was sie nicht bloß »sagen«, sondern auch »meinen«: der Gekreuzigte ist nicht mehr tot, er ist kraft des Wirkens Gottes... der »Kyrios«[1]. Das meinen die alten Bekenntnisformeln; das versichert Paulus in der an eine Schwurformel erinnernden Weise, wenn er schreibt, die Apostel wären »Falschzeugen Gottes«, falls sie »gegen Gott« bezeugten, Gott habe Christus auferweckt, und dieses Zeugnis nicht stimme (1 Kor 15, 15). Das ist schließlich die Aussageabsicht der Osterevangelien, die diese Wahrheit verschiedenartigen Einwänden gegenüber verteidigen.
Diese Machttat Gottes, die Auferweckung des Gekreuzigten, gehört im Grund nicht mehr unserer Geschichte an, steht aber mit unserer Geschichte, jedenfalls durch die Kreuzigung unter Pontius Pilatus – vorher kann nicht von der Auferweckung des Gekreuzigten gesprochen werden – und durch die von den Jüngern bezeugten Erscheinungen, in Verbindung. Man darf sogar sagen, daß das unseren Sinnen verborgene Geschehen der Auf-

[1] Kyrios (griech.): der Herr.

weckung erst in der durch die Erscheinungen begründeten Verkündigung zu einem »Ereignis« wurde und wird.

Hier liegt nun gerade das Problem, die kaum zu bewältigende Schwierigkeit: Können wir über eine solche Tat Gottes, deren »Wirklichkeit« mit den Methoden der exakten Wissenschaft nicht bewiesen werden kann, etwas aussagen? Von einem solchen »Ereignis«, von dieser Tat Gottes kann zunächst nur sprechen, der das seit der Aufklärung verbreitete Geschichtsverständnis nicht absolut setzt, also mit einer Wirklichkeit rechnet, die den Bereich der exakten Wissenschaften sprengt. Blank formuliert: »Man wird ... sagen müssen, daß das Ereignis der Auferstehung Jesu selbst einen neuen Geschichtshorizont, ein neues Geschichtsverständnis eröffnet«. Außerdem hängt die Antwort von dem Begriff des Glaubens ab. Wer Glaube und Vernunft zu stark trennt und sich sträubt, von einem Glaubensinhalt zu sprechen, wird hier auf unüberwindliche Schwierigkeiten stoßen. Ist aber nicht gerade der neutestamentliche Glaube (Pistis) dadurch gekennzeichnet – im Unterschied zur jüdischen Emuna –, daß es für ihn einen Glaubensinhalt gibt? Dann ist auch nicht einzusehen, warum nicht, sei es auch unvollkommen, über eine den Bereich der exakten Wissenschaften transzendierende Tat Gottes als einer echten, aber einzigartigen Wirklichkeit gesprochen werden kann, wenn die Tat Gottes uns Menschen durch die in den Erscheinungen erfolgte Offenbarung Gottes vernehmbar und aussprechbar wurde.

Die Wahrheit und Wirklichkeit dieser Tat Gottes, welche die Apostel verkündigten und die Kirche verkündigen muß, erfaßt allerdings – das liegt in der Eigenart der Botschaft – nur der, der sich tatsächlich die Grenzen seines Erkennens (und damit auch der exakten Wissenschaften) eingesteht und bereit ist, das glaubwürdige Zeugnis der Apostel gläubig (nicht wegen handfester Beweise) anzunehmen. Dabei darf nicht vergessen werden, daß dieser durch die Verkündigung vermittelte Glaube an die Auferstehung mehr ist als der Akt einer rationalen Zustimmung. Er erfaßt unwillkürlich das ganze Leben. Der »Glaube« an die Machttat Gottes ist verbunden mit dem »Bekenntnis« zum »Kyrios« (vgl. Röm 10, 9).

Entnommen aus: Jacob Kremer (Quelle wie bei Text 50–54), S. 34–42 in Auszügen.

Konkrete Hoffnung

> Auf alle Fälle handelt es sich für die Kirche immer nur darum, der Welt bei der Lösung ihrer Probleme zu helfen, nie darum, sie für sie zu lösen.
> *Jacques Maritain*

CLIVE STAPLES LEWIS

Über die Hoffnung

...Hoffnung, das stete Blicken auf die jenseitige Welt, ist nicht gleichbedeutend mit Weltflucht oder gar Wunschdenken, wie manche Menschen meinen, sondern sie gehört zum Wesen des christlichen Glaubens. Das heißt nicht, daß einen die diesseitige Welt nichts angeht. Wenn man sich 70 mit Geschichte beschäftigt, wird man sehen, daß sich gerade die Christen, die am stärksten auf das Jenseits schauten, am eingehendsten mit dem Diesseits befaßten. Die Apostel, die mit der Bekehrung des römischen Imperiums begannen, die großen Menschen des Mittelalters, die englischen Protestanten, denen es gelang, den Sklavenhandel abzuschaffen, sie alle drückten dieser Welt ihren Stempel auf, gerade *weil* ihr Sinnen und Trachten auf das Jenseits gerichtet war. Seit es nicht mehr der Gedanke an das Jenseits ist, der die Handlungen christlicher Menschen bestimmt, sind die Christen im Diesseits so ohne Wirkung. Wer nach dem Himmel strebt, dem wird die Erde »in den Schoß fallen«, wer nach der Erde strebt, dem gehen sowohl Himmel wie Erde verloren. Hierin liegt eine merkwürdige Gesetzlichkeit, der wir auch auf andern Gebieten begegnen. Gesundheit z. B. ist ein großes Gut. Sobald man aber ausschließlich seiner Gesundheit lebt, wird man zum Hypochonder und bildet sich alle möglichen Krankheiten ein. Gesundheit kann man nur dann als »Dreingabe« bekommen, wenn man sein Streben auf ganz andere Dinge richtet, wie etwa bekömmliche Nahrung, Sport, Arbeit, Vergnügen und frische Luft...

Die Sehnsucht nach dem »Himmel« ist für die meisten Menschen eine Hürde, die sie nicht nehmen können, es sei denn, »Himmel« versinnbildlicht jenen Ort, wo wir unsre Toten wiederfinden. Diese Schwierigkeit hat ihre Wurzel in unsrer verkehrten, ganz aufs Diesseitige gerichteten Erziehung. Es kommt hinzu, daß wir das Verlangen nach dem Jenseits in uns nicht als solches erkennen. Hätten wir gelernt, richtig in unsern Herzen zu lesen, so würden wir wissen, daß wir in uns ein Verlangen tragen, das in dieser Welt nie gestillt werden kann. Es gibt vieles auf dieser Erde, das diesem Verlangen gerecht zu werden scheint, aber es bleibt immer ein Rest von Enttäuschung. Die Sehnsucht, die uns ergreift, wenn wir uns zum erstenmal wirklich verlieben, wenn unsre Gedanken sich mit fernen Ländern befassen oder wenn wir am Anfang eines Studiums stehen, wird durch keine Ehe, keine Reise und kein Studium wirklich gestillt. Es ist hier nicht die Rede von unglücklichen Ehen, von verpfuschten Ferien oder von einer verpatzten Karriere. Im Gegenteil – ich stelle mir eine glückliche Ehe, wunderbare Ferien und einen aussichtsreichen Beruf vor. Die große Sehnsucht ist wie das Zerreißen einer Wolkendecke: für einen Augenblick sehen wir ein Stück blauen Himmels, dann ist wieder alles grau. Das, was uns unsre Sehnsucht in einem begnadeten Moment erkennen läßt, entgleitet unsern Händen, solange wir leben... Die Gattin mag eine vorzügliche Frau sein, das Hotel und die Aussicht können großartig sein, und der Beruf des Chemikers mag eine wirklich interessante Sache sein. Und trotzdem sind wir irgendwie genarrt. Das Letzte, das Eigentliche entzieht sich uns. Es gibt nun zwei falsche Wege und einen richtigen Weg, um mit dieser Tatsache fertig zu werden.

71 1. Der Weg des Toren. Ein Tor sucht die Schuld immer bei andern. Sein ganzes Leben lang redet er sich ein, wenn er es nur mit einer andern Frau versuchen würde, wenn er in ein teureres Hotel ginge und was dergleichen mehr ist, so könnte er diesmal auf das geheimnisvolle Etwas,

dem alle Menschen nachjagen, den Finger legen. Zu dieser Sorte von Menschen gehören all jene gelangweilten, unzufriedenen reichen Leute, die ein Leben lang von Frau zu Frau, von Scheidung zu Scheidung, von Kontinent zu Kontinent ... eilen, immer im Glauben, die letzte Begegnung sei endlich »die« richtige, und das endet jeweils in einer neuen Enttäuschung.

2. Der Weg des sogenannten nüchternen, vernünftigen Menschen. Solche Menschen haben von jeher gesagt, alles sei bloß Schwindel. »Wenn man jung ist, hängt der Himmel voller Geigen. Aber wenn man erst einmal mein Alter erreicht hat, greift man nicht mehr nach den Sternen.« Und somit richtet sich diese Sorte von Menschen häuslich auf der Erde ein, erwartet nicht zuviel vom Leben und unterdrückt in sich das, was sie »nach dem Unmöglichen streben« nennt. Natürlich ist dieser Weg besser als der Weg des Toren, jedenfalls macht er den Menschen glücklicher, und er fällt auch seinen Mitmenschen weniger auf die Nerven. Ein Mensch, der aller Illusionen beraubt ist, wird leicht zum hochmütigen Sonderling, der gegenüber jungen Menschen (er nennt sie abschätzig »Halbwüchsige«) ziemlich hochfahrend sein kann. Aber im ganzen wird er sehr anständig mit sich und seinem Leben fertig. Man könnte sich sogar mit einer solchen Lebenseinstellung abfinden, wenn es kein Jenseits gäbe. Was aber, wenn es die ewige Seligkeit wirklich gibt und sie nur auf uns wartet? ...

3. Der Weg des Christen. Der Christ sagt: »Es gibt kein Verlangen, für das es keine Befriedigung gibt. Ein Säugling hat Hunger, und er bekommt sein Fläschchen. Ein Entchen will schwimmen, und da gibt es Wasser. Menschen werden durch den Eros voneinander angezogen, und es gibt die geschlechtliche Vereinigung. Wenn in uns ein Verlangen lebt, das durch nichts auf dieser Welt gestillt werden kann, so geht doch wohl daraus hervor, daß der Mensch für eine jenseitige Welt erschaffen ist. Das Weltall ist noch lange kein Schwindel, wenn keine irdische Freude dies Verlangen stillen kann. Wahrscheinlich sind irdische Freuden gar nicht dazu da, dies Verlangen zu stillen, sondern eher, um es zu erregen; sie sind ein Abglanz der Vollkommenheit aller Dinge. Unter diesen Umständen muß sich der Mensch hüten, diesen Abglanz zu verachten, und er soll dankbar sein. Andrerseits darf er diesen Abglanz nicht mit der letzten Glückseligkeit verwechseln, von der alle irdischen Güter nur eine Kopie, ein Echo oder eine Spiegelung sind. Der Mensch muß in sich stets das Verlangen nach seiner wahren Heimat, die er erst nach seinem Tod betritt, wachhalten; er muß dafür sorgen, daß dies Verlangen weder zugeschneit noch verschüttet wird, und es soll den Mittelpunkt seines Lebens bilden. Menschen, die seinen Weg kreuzen, soll ein Christ helfen, damit auch sie das Verlangen nach dem ewigen Leben nicht in sich ersticken.«

Entnommen aus: C. S. Lewis, Christentum schlechthin, Jakob Hegner Verlag, Köln. Zit. nach: Herder-Bücherei Bd. 49, Verlag Herder, Freiburg/Basel/Wien 1959, S. 115–118.

JEAN CARDONNEL

Von der Religion des Opfers zu einem kämpferischen Glauben

... Wird der Glaube in Zukunft darin bestehen, eine gewisse Anzahl sogenannter Glaubenswahrheiten anzuerkennen, wird er sich auf eine Ortho- 72

doxie beschränken? Wenn Jesus über den »Glauben dieser Leute da« erstaunt ist, was war das dann für ein Glaube? *Sie wollten geheilt werden.* Der Glaube ist die Erwartung des Geheiltwerdens; man erwartet die Heilung von einem, von dem man erahnt, daß er den Zirkel der Verhängnisse durchbrechen kann, weil er nicht eine Idee, ein Gefühl, eine Erregung ist, sondern die Kraft, die Macht der befreienden Liebe in Person. Der Glaubensakt besteht darin, die Heilung, die Rettung, die Befreiung zu erwarten, von dem zu erwarten, der die befreiende Liebe in Person ist. Das erfordert eine völlige Umwälzung unserer Gewohnheiten. Rät man doch den Kranken für gewöhnlich, ihr Leiden aufzuopfern, während es doch nicht darum geht, Leiden aufzuopfern, sondern geheilt zu werden. Ich glaube, daß es für seine moralische Gesundheit entscheidend ist, dem Kranken wie einem Unterdrückten zu sagen, daß er seine Krankheit hassen müsse, daß er seine Ausbeutung hassen müsse. Anders gesagt, *wir müssen von der Religion des Opfers zu einem kämpferischen Glauben kommen, zu einem Glauben, der radikaler Kampf ist.* Beim Tod ihrer Mutter bekam Simone de Beauvoir zu hören: »Wenn Sie den Glauben hätten, dann wäre das doch jetzt ein Trost für Sie.« Hier zeigt sich genau das, was wir vielleicht am meisten zu bekämpfen haben: der Glaube, der eine Tröstung ist, der Glaube, der sich nur aus der Feststellung nähren kann, wie unsicher die Dinge der Welt sind, der Glaube, durch den ich mich in einer anderen Welt für die Glücklosigkeit und die Mißerfolge meines Lebens schadlos halten kann. Wir sehen: Opium für das Volk...
So ist man zu einem verwässerten Christentum gekommen, einem Christentum der Existenz Gottes und der Unsterblichkeit der Seele, einem Christentum deistischer Prägung, das bestenfalls jenem Jesus Christus genannten Menschen das Monopol der Auferstehung zuerkennen würde, wie man Gott das Monopol der Schöpfung zuerkennt, während die anderen, die Menschen, geschaffene Wesen sind. Unter Mithilfe der Welt haben wir uns auf ein Christentum eingelassen, das uns in der Infantilität hält, ein Christentum, in dem man tröstende Wahrheiten beschwört, die die Existenz erträglich machen. Die Existenz Gottes, die Unsterblichkeit der Seele? Das alles interessiert mich nicht. Gott? – kenne ich nicht. Ich kenne nur den Vater unseres Herrn Jesus Christus. Unsterblichkeit der Seele? Nein, ich glaube nur an die Auferstehung des Leibes. (113–114)
Wir müssen in der Glaubensverkündigung diese drei Punkte wiederfinden: den Gott der Verheißung; das zentrale Faktum der Auferstehung Jesu; das Ereignis, das die Auferstehung Jesu vergegenwärtigt und beweist: jener Mensch, den alle kannten, war krank und er ist geheilt.

Die Auferweckung der Menschen heute beweist die Auferstehung Christi

73 Ich glaube, daß wir diese drei Punkte mit unseren Zeitgenossen in umgekehrter Reihenfolge angehen müssen.
Ich werde nicht damit anfangen, den Menschen von heute von Abraham, Isaak und Jakob zu sprechen, sie würden das nur lächerlich finden, ich werde nicht einmal von der Person Jesu ausgehen. Er hat vor zweitausend Jahren gelebt. Ich werde lieber versuchen, den dritten Punkt anzugehen:

das, was ich zu tun habe, was wir zu tun haben, und zwar mit Wort und Tat, ist dies: *zusammen mit den Menschen, unseren Brüdern, vom Tod zum Leben überzugehen,* und dies auf allen Gebieten unserer Existenz. Der Tod ist nämlich nicht ein gewaltsames Ereignis: er beginnt schon früh; ich habe mehr und mehr das Empfinden, daß er schon mit der Geburt beginnt. Der Mensch wird alt geboren, und es ist um jeden Preis erforderlich, daß er jung stirbt... Das ist das Tragischste im Leben: man gelangt von der anarchistischen Revolte zum Filzpantoffel und merkt es selbst nicht einmal. Der Tod bereitet sich vor: die Reihe der Entsagungen, der kleinen Verrate, die Resignation des alltäglichen Lebens, all dies bereitet den Tod vor.

Dagegen sind es die Revolten gegen alle unausweichlichen Fügungen im Leben, die die Auferstehungen vorbereiten. Es besteht ein Bezug zwischen der Unterwerfung unter alle Verhängnisse des Lebens und der Unterwerfung unter das größte Verhängnis, das des Todes. Und es gilt, dieses »Aufgeben« zu bekämpfen, indem man alles Aufbegehren, alle Revolutionen und die Auferstehung innerlich miteinander verbindet. Sich in der Liebe erneuern heißt, sich im Kampf erneuern. Jene, die sich die Gläubigen nennen, haben die Auferstehung isoliert, weil diese für sie ein individuelles Phänomen war, das des Menschen Jesus, und sie haben jegliche Beziehung zu menschlichem Aufstand abgesprochen. Umgekehrt würde ich sagen, es fehlt den Revolutionen die radikale Macht der Auferstehung. Es ist uns heute aufgegeben, die Auferstehung von den Toten im Zentrum der menschlichen Revolutionen zu entdecken. Jener Mensch, der darniederlag, gelähmt, ausgebeutet, ohne politisches Bewußtsein, und der nun gesundet, der zu einem politischen Bewußtsein findet, ist der, der die Auferstehung Jesu Christi bezeugt. Ich werde nicht die Heilungen der Menschen von der Auferstehung Jesu Christi ableiten, für die ich zuvor den Beweis liefern müßte, ich werde im Gegenteil genau umgekehrt vorgehen. Das Heil-Werden der Menschen von heute in allen Erscheinungsformen, ihre Emanzipation, der Übergang von der Verschlossenheit des Herzens zur Offenheit des Herzens, der Übergang vom Leben für sich zum Leben in der Gemeinschaft beweisen mir nichts anderes, als daß Jesus Christus von den Toten auferstanden ist. Und die Auferstehung Jesu von den Toten bezeugt mir, daß die Verheißung erfüllt ist. Und schließlich bezeugt mir die erfüllte Verheißung, daß die Welt eine Schöpfung ist.
Das ist die Einheit des Ostergeschehens; wir haben nicht mehr zu sein als die Menschen des Osterereignisses, aber nicht eines religiösen Osterereignisses, das zu dem menschlichen Ostergeschehen noch hinzukäme: das Ostergeschehen ist ein profanes Geschehen, und das Heilige darin ist das bis an seine Wurzel geführte profane Tun...
Pius XII. hat bei einer Osteransprache einmal ein bemerkenswertes Wort gesagt: »Wir müssen Jesus Christus heute in einer wahrhaften Auferstehung wieder auferstehen lassen.« Ich würde das so kommentieren: es gilt, alle Gräber aufzubrechen, in denen die lebendigen Menschen eingeschlossen sind – gibt es doch viele Weisen, tot zu sein. Wenn Christus erklärt: »Geht zu Johannes und sagt ihm, was ihr gesehen habt: Blinde sehen,

Lahme gehen, Aussätzige werden rein, Taube hören, Tote stehen auf«, so erwartet man, daß die Aufzählung hier endet; jedoch er fügt hinzu: »Die Frohe Botschaft wird den Armen verkündet« (Mt 11, 4–5). Kann das etwas anderes bedeuten als dies: daß die Armen die Frohe Botschaft hören, das heißt, die ungeheure Kraft der Solidarität entdecken, ist entscheidender als das materielle Geschehnis, daß ein Toter aufersteht! Die Verkündigung des Evangeliums an die Armen, das Zeichen des Gottesreiches, ist mit der Auferstehung eng verbunden. Bemühen wir uns heute, alle Menschen aus ihren schicksalhaften Bindungen zu befreien: das ist die profane und radikale Befreiung der Menschen, in der sich das Spezifische des Glaubens zeigt. Gesetzt den Fall, die Menschen überwänden den Tod, das heißt, das Leben würde bis zu zweihundert Jahren, zweitausend Jahren, ja zehntausend Jahren verlängert werden können, so glaube ich, daß auch dies nicht genügen würde, denn der Mensch würde nur in der gleichen Weise weiterleben. Es genügt mir keineswegs, unbegrenztes Alter zu haben, ein glückliches Greisentum zu erleben: Auferstehung ist nicht gleich Unsterblichkeit. Mit anderen Worten, wir gehen nicht einer anderen Welt entgegen: es gibt keinen Himmel, es gibt kein Jenseits oder sonst etwas anderes, sondern es gibt nur die erschöpfende Vertiefung dessen, was wir sind: Nicht eine andere Welt, sondern eine veränderte Welt. Die Welt bis zur Radikalität des Alles-miteinander-gemein-Habens voranzutreiben, den beraubten Menschen dahin zu führen, daß er der Mensch in der Gemeinschaft wird: genau das ist der Übergang von der Schwerkraft zur Gnade. Das ist Ostern. (125–128)

Entnommen aus: Jean Cardonnel, Gott in Zukunft. Aufforderung zu einer menschlichen Welt, J. Pfeiffer Verlag, München 1969, Seitenangaben beim Text.

HANS URS VON BALTHASAR

Die Einsamkeit des Todes und die Sendung

74 Man stirbt allein ... Diese Einsamkeit macht den Tod zu dem, was er jetzt ist: zur Folge der Sünde (Röm 5, 12); darüber zu spekulieren, was er anderweitig hätte sein können, ist müßig.

Christus hat diesen Sündertod in letzter Radikalität für die Sünder auf sich genommen, in einer dramatischen Prägnanz, die ihn nicht nur nachdrücklich von allen Menschen verlassen sein, ihn nicht nur die wenigen, die zu ihm standen, fortweisen ließ, sondern ihn ausdrücklich das ewige Gemeinschaftsband, das ihn mit dem göttlichen Vater verknüpfte, den Heiligen Geist, in dessen Hände übergeben ließ, um das völlige Verlassensein auch von Seiten des Vaters bis zur Neige durchzukosten. Alle Vielfalt der Liebe muß auf diesen Einheitspunkt zusammengefaltet und vereinfacht werden, um von dort ausströmend einen ewigen Vorrat zum Quellen zu haben.

Es gibt deshalb auf Erden keine Gemeinschaft im Glauben, die nicht von der letzten Einsamkeit des Kreuzestodes herkäme. Die Taufe, die den Christen ins Wasser untertaucht, schneidet ihn, im starken Gleichnis der Todesbedrohung, von jeder Kommunikation ab, um ihn zur wahren Quelle zu bringen, von der her solche anhebt. Der Glaube selbst steht somit in seinem Ursprung notwendig Aug in Auge zur Welt- und Gottverlassenheit des Gekreuzigten. Notwendig, wie stark oder wie gedämpft auch immer der zu glauben Beginnende diese Einsamkeit spürt...

Nur wenn grundsätzlich alles dargeboten und preisgegeben ist, wenn Gott frei ist, ohne jeden Vorbehalt des Glaubenden sich das in ihm auszuwählen, was er will, kann überhaupt eine christliche Sendung ergehen. Denn nur aus diesem Punkt der Begegnung mit dem sterbenden Gott kann aus einer Glaubensexistenz christliche Frucht hervorgehen. Diese Frucht ist immer eine solche der Liebe, aber begründet auf der Selbsthingabe des Menschen. Es ist also *unmöglich, die Nächstenliebe,* so wie ein Mensch sie naturhaft versteht, *als eine Bedingung* mit in die Kreuzesbegegnung hinein *mitzunehmen;* es gibt dort keinerlei Bedingungen, die er Menschen betreffend stellen könnte, die christliche Nächstenliebe ist vielmehr das *Ergebnis* seiner Selbstpreisgabe, so wie Gott Vater die Selbstpreisgabe des verlassenen Sohnes zur Erlösung der Menschheit ausschlagen läßt. »Wenn das Weizenkorn nicht in die Erde sinkt und stirbt, bleibt es allein; wenn es aber (allein) stirbt, bringt es viele Frucht« (Jo 12, 24).

Und da die »viele Frucht« keineswegs biologischen oder psychologisch-propagandistischen Gesetzen entspricht, sondern dem ein für allemal in Taufe und Glaube gestorbenen und durch Gottes Kraft auferweckten Menschen von Gott geschenkt wird, ist sie Frucht des ewigen Lebens in der Zeitlichkeit...

Alle sind in die »Angleichung an seinen Tod getauft« und dadurch »lebendig mit ihm verbunden«, für alle gilt, daß »der alte Mensch in uns gekreuzigt wurde« und daß, »wenn wir mit Christus gestorben« (Röm 6, 3.4.8) und »begraben sind« (Kol 2, 12), wir auch mit ihm auferstanden und zum Himmel gefahren sind (Eph 2, 6; Kol 2, 12), weshalb »der Himmel unsere Heimat ist« (Phil 3, 20); Hebr. 12, 22) und folgerichtig die Erde unsere Fremde und unser Pilgerland (1 Petr 2, 11; Hebr 11, 9.13). Markus hebt hervor, daß Jesus »das Volk samt seinen Jüngern zusammenrief«, um ihnen die Worte vom unabdingbaren Kreuztragen und Sein-Leben-Verlieren vorzulegen (Mk 8, 34 f), und Lukas spricht es ihm nach (Lk 14, 25 f), um noch den Spruch von der vollkommenen Güterentsagung beizufügen: »So kann auch keiner von euch mein Jünger sein, der nicht all seinem Besitztum entsagt« ...

Es gibt für die Welt kein anderes Urbild der Liebe als dieses, das ihr von Gott her gesetzt wird. Es ist unmöglich geworden, einstweilen mit einem innerweltlichen, humanistischen Liebesbegriff auszukommen, um sich zuletzt, wenn er versagt, dem von Christus geprägten anzubequemen. Wenn der erste sich dem zweiten nicht einfügen läßt, nicht offen oder geheim von ihm vorgeprägt ist, wird man sich im Augenblick des Versagens nicht einbilden dürfen, bisher in der Liebe gelebt zu haben. Das gilt für den Christen so gut wie für den Nichtchristen. Der Christ ist durch die Taufe, durch den Glauben in die einzige Form der Liebe gestellt, die bei Gott genehm ist. Die Form, die offen oder geheim vom Ernstfall herkommt.

Die Freiheit des Christenmenschen erringt sich, wie Luther richtig verstanden hat, im Tod. Im Tod Christi für mich, der nur mit meiner Todesbereitschaft für ihn, nein, durch mein Gestorbensein in ihm, beantwortet werden kann. Frei ist der Sohn dadurch, daß er im Gehorsam an den Vater zu dem äußersten Ort (eis telos Jo 13, 1) gelangt ist, wo ihn nichts mehr anfechten kann, weil schlechthin alles ihn angefochten hat. Er ist darüber hinaus, er ist frei. Ama sicut Christus et fac quod vis, falls du noch handeln kannst. Aber er selbst hat in seinem irdischen Leben immer von dorther gehandelt, er hat die Kühnheit, beinah Vermessenheit seiner Handlungen durch Belastung seines Leidenskontos bezahlt. Seine Aktionen sind durch den Ernstfall des Kreuzes gedeckt. Im Heiligen Geist ist er seines Gehorsams bis zum letzten gewiß und kann vorweg darüber verfügen. Das macht ihn so unendlich überlegen. So absolut mündig. Er braucht sich an kein anderes Gesetz zu binden als an sein eigenes: an die Identität seines Gehorsams und seiner Freiheit am äußersten Punkt, auf den er zuläuft, den er unfehlbar verwirklichen wird, weil seine Existenz nur durch diesen Vorlauf begründet wird: »Ich muß eine Taufe bestehen, und wie setzt es mir zu, bis sie vollbracht ist!« (Lk 12, 50.)

Entnommen aus: Hans Urs von Balthasar, Cordula oder der Ernstfall, Johannes-Verlag, Einsiedeln [3]1967, Seite 22–28 in Auszügen.

DOROTHEE SÖLLE

75 *Aus einem Gespräch über »Frage an die Theologie: Was ist christlich?«* [1]

Frage: Wenn sich die politische Theologie ... als ein neuer Ansatz, ein neues Konzept (versteht), dann darf auch die Frage gestellt werden, welche Rolle die Jenseitshoffnung in dieser Theologie spielt, die christliche Jenseitshoffnung, die für die traditionsbestimmte Theologie und für die Seelsorge so eminent wichtig ist.

Ja, die Frage wird sich dann sofort verschieben. Wenn ein Mensch danach fragt, was nach dem Tode wird, dann wird die politische Theologie ihm wahrscheinlich antworten: Laßt die Toten ihre Toten begraben. Es käme doch darauf an, daß du zunächst einmal gelebt hast. Oder: Wie sieht denn dein Leben aus? Oder: In was für einer Lage mußt du dich befinden, daß du diese Frage überhaupt stellst? Und warum fällt dir nicht eine andere Frage ein?

Frage: Ich verstehe Sie, aber ich glaube, ein Großteil der Kirchgänger wird sich mit Ihrer Antwort nicht zufriedengeben.

Das mag sein, aber ich würde das nicht unbedingt als einen Einwand ansehen. In gewissem Sinn könnte das unsere Haltung gerade bestätigen. Die Leute sind tatsächlich so hoffnungslos auf ihr Leben hin, daß sie Hoffnungen verlagern, das heißt: Religion ist für sie immer noch Opium des Volkes, also der Trost für Schmerzen, die sie anders nicht loswerden. Und gerade dort, wo am wenigsten gelebt wird, da ist diese Jenseitigkeit am stärksten; sie ist die Verlagerung aller Kräfte oder die Vergeudung der

---

[1] in der Reihe »Das Abendstudio« – eine Sendung des Südwestfunks Baden-Baden und des Südfunks Stuttgart im Juli 1971.

Schätze des Menschen in den Himmel, anstatt sie auf der Erde fruchtbar zu machen, wie Marx das nennt.
Die Vergeudung der menschlichen Kräfte, auch der menschlichen Sehnsucht, spricht eigentlich nur dafür, wie wenig vom Christentum verstanden worden ist, denn das Alte Testament ist ja doch kaum mit Hilfe einer Jenseits-Mythologie zu interpretieren. Die großen Propheten – und das sind die, an die die politische Theologie sehr gern anknüpft – haben nicht erwartet, daß sie persönlich weiterlebten. Das war für sie uninteressant. Sie lebten weiter im Volk, in der weitergehenden Geschichte des Volkes. Im übrigen, ob sie starben oder nicht – ihr Leben hatte einen Sinn ... »dennoch bleibe ich stets bei Dir ...«
Aber nicht, weil dann hinterher meine individuelle Existenz garantiert ist, sondern weil mein Leben jetzt soviel Sinn hat. Und man kann diese Linie ja auch an anderen Stellen im Neuen Testament finden, wenn man an das Johannesevangelium denkt, wo es heißt: »Das aber *ist* der Glaube, das aber *ist* das ewige Leben, daß sie an dich glauben.« Das heißt ja nicht, daß das ewige Leben irgendwann einmal kommt, sondern daß das wirkliche Leben, das authentische Leben, wie es im Glauben gelebt wird, eine diesseitige Angelegenheit ist, die sich hier vollzieht.
Mir scheint es sehr problematisch, das Christentum von Grenzphänomenen allein her aufzurollen. Ich will damit nicht leugnen, daß es also Krankheit, Tod und auch unauflösbares sinnloses Leiden gibt. Aber ich glaube, der christliche Glaube selbst ist damit gar nicht verstanden. Jesus war nicht ein gebrechlicher alter Mann, sondern ein Mann in der Blüte seiner Jahre, in der Mitte des Lebens, wenn man es so sagen darf, der nicht immer nur am Rand stand oder sich nur auf den Rand des Lebens und auf sogenannte metaphysische Fragen bezogen hat. Er hat sich doch auf Gegenwartsfragen, auf die Fragen der Leute, die mit ihm gelebt haben, bezogen. Und in diesem Sinn verstehen wir also auch politische Theologie.

Entnommen aus: Gerhard Adler (Hrsg.), Christlich – was heißt das?, Patmos-Verlag, Düsseldorf 1972, S. 53 f.

JÜRGEN MOLTMANN

*Im Horizont einer neuen Zukunft**

Die kommende Herrschaft des auferstandenen Christus kann man nicht 76
nur erhoffen und abwarten. Diese Hoffnung und Erwartung prägt auch das Leben, Handeln und Leiden in der Gesellschaftsgeschichte. Darum bedeutet Sendung nicht nur Ausbreitung des Glaubens und der Hoffnung, sondern auch geschichtliche Veränderung des Lebens ... Die Hoffnung des Evangeliums hat nicht nur eine polemische und befreiende Beziehung zu den Religionen und Ideologien der Menschen, sondern viel mehr noch zum faktischen und praktischen Leben der Menschen und zu den Verhältnissen, in denen dieses Leben geführt wird. Es ist zu wenig, wenn man sagt, das Reich Gottes habe es nur mit Personen zu tun, denn einmal sind Gerechtigkeit und Frieden des verheißenen Reiches Verhältnisbegriffe und betreffen also auch die Verhältnisse der Menschen untereinander und zu

den Dingen, zum anderen ist der Gedanke einer a-sozialen Personalität des Menschen eine Abstraktion. Die christliche Hoffnung ... ist in der Tat auf »andere Institutionen« aus, weil sie das wahre, ewige Leben, die wahre und ewige Würde des Menschen, die wahren und gerechten Verhältnisse von dem zukommenden Reich Gottes erwarten muß. Sie wird darum die modernen Institutionen aus ihren ihnen immanenten Stabilisierungstendenzen herauszuführen trachten, sie verunsichern, sie vergeschichtlichen und zu jener Elastizität öffnen, die der Offenheit auf jene Zukunft entspricht, die sie erhofft. Im praktischen Widerstand und in schöpferischer Neugestaltung stellt die christliche Hoffnung das Bestehende in Frage und dient so dem Kommenden. Sie überholt das Vorfindliche in Richtung auf das erwartete Neue und sucht nach Gelegenheiten, der verheißenen Zukunft in der Geschichte immer besser zu entsprechen... (304 f.)

Es ist in dieser reichen Fülle von Bedingungen und Möglichkeiten für die christliche Existenz nicht die entscheidende Frage, ob und wie der Mensch in der fluktuierenden Vielzahl seiner sozialen Inanspruchnahmen oder im Schnittpunkt dieser ihn immer nur partiell betreffenden Rollen, »er selber« sein kann und sich in sich selber Identität und Kontinuität zu bewahren vermag... Die Berufe, Rollen, Bedingungen und Ansprüche, die ihm die Gesellschaft zumutet, sind darum nicht daraufhin zu befragen, ob sie und wie sie das eigene Selbst ausfüllen oder den Menschen von sich selbst entfremden, sondern ob sie und wie weit sie Möglichkeiten zur Inkarnation des Glaubens, zur Gestaltwerdung der Hoffnung und zur irdischen, geschichtlichen Entsprechung zum erhofften und verheißenen Reiche Gottes und der Freiheit bieten. Das Kriterium für Berufswahl, Berufswechsel, nebenberufliche Tätigkeiten sowie für die Annahme und Gestaltung des Sozialisierungsvorganges ist allein die Sendung der christlichen Hoffnung... (307 f.)

Durch diese Hoffnung auf Gottes Zukunft wird diese Welt hier für den Glauben frei von allen Versuchen der Selbsterlösung oder der Selbstproduktion durch Arbeit, und sie wird offen für die liebende, dienende Entäußerung zugunsten einer Humanisierung der Verhältnisse, zugunsten der Rechtsverwirklichung im Lichte des kommenden Gottesrechtes. Das aber bedeutet, daß die Auferstehungshoffnung ein neues Weltverständnis hervorbringen muß. Diese Welt ist nicht der Himmel der Selbstverwirklichung, wie es im Idealismus hieß. Diese Welt ist nicht die Hölle der Selbstentfremdung, wie es in der romantischen und in der existentialistischen Belletristik heißt. Die Welt ist noch nicht fertig, sondern wird als in Geschichte befindlich begriffen. Sie ist darum die Welt des Möglichen, in der man der zukünftigen verheißenen Wahrheit, Gerechtigkeit und dem Frieden dienen kann. Es ist die Zeit der Diaspora, der Saat auf Hoffnung, der Hingabe und des Opfers, denn diese Zeit steht im Horizont einer neuen Zukunft. (312)

Entnommen aus: Jürgen Moltmann, Theologie der Hoffnung. Untersuchungen zur Begründung und zu den Konsequenzen einer christlichen Eschatologie, Chr. Kaiser Verlag, München [8]1969, Seitenangaben beim Text.

DIE VERFASSER

Hans Urs von Balthasar. Geboren 1905 in Luzern. Lebt heute in Basel. Befaßt sich als katholischer Theologe und Schriftsteller vor allem mit der Kirche und ihren Beziehungen zur Welt. *Werke in Auswahl:* Herrlichkeit. Eine theologische Ästhetik; Theologie der Geschichte; Skizzen zur Theologie; Das Ganze im Fragment.

Karl Barth. Geboren 1886 in Basel, gestorben 1969 in Basel. Professor für systematische Theologie in Göttingen, Münster und Bonn, nach seiner Ausweisung ab 1935 in Basel. *Werke in Auswahl:* Der Römerbrief; Die Auferstehung der Toten; Kirchliche Dogmatik; Einführung in die evangelische Theologie.

Ernst Benz. Geboren 1907 in Friedrichshafen. Ab 1935 Professor für Kirchen- und Dogmengeschichte in Marburg. *Werke in Auswahl:* Geist und Leben der Ostkirche; Zen in westlicher Sicht; Buddhas Wiederkehr und die Zukunft Asiens; Die russische Kirche und das abendländische Christentum.

Ernst Bloch. Geboren 1885 in Ludwigshafen. Professor für Philosophie. 1956 in Leipzig zwangsemeritiert; seit 1961 Professor in Tübingen. *Werke in Auswahl:* Das Prinzip Hoffnung; Geist der Utopie; Thomas Münzer als Theologe der Revolution; Atheismus im Christentum; Verfremdungen.

Ladislaus Boros. Geboren 1927 in Luzern. Jesuit. Seit 1963 Lehrauftrag für Religionswissenschaft an der Universität Innsbruck. *Werke in Auswahl:* Der anwesende Gott; Mysterium mortis; Wir sind Zukunft; Erlöstes Dasein.

Margaretta K. Bowers. Amerikanische Psychotherapeutin, die besonders über die Beziehungen von Psychoanalyse und Religion gearbeitet hat.

Rudolf Bultmann. Geboren 1884 in Wiefelstede (Oldenburg). Seit 1921 Professor für Neues Testament und urchristliche Religionsgeschichte in Marburg. *Werke in Auswahl:* Die Geschichte der synoptischen Tradition; Jesus; Glauben und Verstehen; Das Urchristentum im Rahmen der antiken Religionen; Theologie des Neuen Testamentes.

Jean Cardonnel. Französischer Dominikaner. Seit Jahren in der Sozialarbeit tätig, um die »Utopie der Brüderlichkeit« zu verwirklichen. *Werke in Auswahl:* Gott in Zukunft; Gott ist Partei.

Oscar Cullmann. Geboren 1902 in Straßburg. Professor für Neues Testament in Basel und Paris. *Werke in Auswahl:* Königsherrschaft Christi und Kirche; Christus und die Zeit; Petrus; Der Staat im Neuen Testament; Christologie.

Vitězslav Gardavský. Geboren 1923 in Ostrava/CSSR. Dozent für Philosophie an der Militärakademie in Brünn. *Werke in Auswahl:* Gott ist nicht ganz tot; Hoffnung aus der Skepsis.

Eberhard Jüngel. Geboren 1934 in Magdeburg. Von 1966–1969 Professor für Systematische Theologie in Zürich, seit 1969 in Tübingen.

Hans Kessler. Geboren 1938 in Schwäbisch Gmünd. Religionslehrer in Frankfurt. Befaßt sich als katholischer Theologe hauptsächlich mit christologischen Fragen.

Jacob Kremer. Geboren 1924. Professor für Biblische Theologie am Priesterseminar in Aachen. *Werke in Auswahl:* Was an den Leiden Christi noch mangelt; Das älteste Zeugnis von der Auferstehung Christi.

Clive Staples Lewis. Geboren 1898 in Belfast, gestorben 1963 in Oxford. Studium der Philologie und Philosophie in Oxford. Seit 1954 Professor in Cambridge. *Werke in Auswahl:* Jenseits des schweigenden Sterns; Perelandra; Die böse Macht; Vier Arten der Liebe.

Karl Löwith. Geboren 1897 in München. Von 1936–1952 als Professor für Philosophie in Japan und in den USA, seit 1952 in Heidelberg. *Werke in Auswahl:* Das Individuum in der Rolle des Mitmenschen; Nietzsches Philosophie der ewigen Wiederkehr des Gleichen; Von Hegel bis Nietzsche; Wissen, Glaube und Skepsis; Die Hegelsche Linke.

Willi Marxsen. Geboren in Kiel 1919. Seit 1956 Professor für neutestamentliche Theologie an der Kirchlichen Hochschule in Bethel, seit 1962 an der Universität Münster/W. *Werke in Auswahl:* Anfangsprobleme der Christologie; Das Neue Testament als Buch der Kirche; Einleitung in das Neue Testament; Der Streit um die Bibel; Die Auferstehung Jesu von Nazareth.

Jürgen Moltmann. Geboren 1926 in Hamburg. 1963 Professor für systematische Theologie und Sozialethik in Bonn. Seit 1967 Professor in Tübingen. *Werke in Auswahl:* Theologie der Hoffnung; Perspektiven der Theologie; Mensch.

Platon. Geboren 427 v. Chr. in Athen, gestorben 347 ebenda. Griechischer Philosoph, mit Aristoteles der Begründer der abendländischen Metaphysik. Schüler des Sokrates. *Werke in Auswahl:* Apologie; Kriton; Politeia; Phaidon; Nomoi.

Karl Rahner. Geboren 1904 in Freiburg/Br. Seit 1949 Professor für Dogmatik und Dogmengeschichte in Innsbruck, München und Münster. Herausgeber des »Lexikon für Theologie und Kirche«. *Werke in Auswahl:* Betrachtungen zum ignatianischen Exerzitienbuch; Geist in Welt; Hörer des Wortes; Sendung und Gnade; Schriften zur Theologie (bisher 10 Bde.).

Paul Schütz. Geboren 1891 in Berlin. Mitbegründer der Zeitschrift »Orient und Okzident«. Hauptpastor und Professor der Kirchlichen Hochschule in Hamburg. *Werke in Auswahl:* Evangelium; Das Mysterium der Geschichte; Freiheit – Hoffnung – Prophetie; Parusia – Hoffnung und Prophetie; An den Menschen.

Dorothee Sölle. Geboren 1929 in Köln. Studium der evangelischen Theologie und Germanistik. Dozentin in Köln. *Werke in Auswahl:* Atheistisch an Gott glauben; Stellvertretung; Die Wahrheit ist konkret; Politische Theologie; Phantasie und Gehorsam.

Hugo Staudinger. Geboren 1921 in Dresden. Von 1958–1966 Direktor des Deutschen Instituts für Bildung und Wissen. Seit 1962 Professor für politische Bildung an der Pädagogischen Hochschule in Paderborn. *Werke in Auswahl:* Mensch und Politik; Gott: Fehlanzeige?

Klaus Thomas. Geboren 1915 in Berlin. Studium der Philosophie, Psychotherapie und Medizin. Leitet seit 1956 die von ihm gegründete »Ärztliche Lebensmüdenbetreuung Berlin« und seit 1972 das »I. H. Schultz-Institut für Psychotherapie, Autogenes Training und Hypnose«. *Werke in Auswahl:* Handbuch der Selbstmordverhütung; Ärztliche Lebensmüdenbetreuung; Nicht sterben – sondern leben; Sexualerziehung.

15 Der Marxismus ist also wesentlich nicht-eschatologisch: Er hält den K munismus nicht für ein absolutes Ziel – in dem Sinne, daß alles übrig Vergleich zu ihm ein Werkzeug wird; auch nicht in dem Sinne, daß Kommunismus zu einem Endstadium der Menschheit wird; und schlie nicht in dem Sinne, daß die Zukunft des Kommunismus schon heute absolute Sicherheit der Geschichte sein könnte, so daß unsere a Existenz eigentlich irrevelant wäre.

Daraus folgt, daß vor dem Marxisten als Atheisten keine absolute, son eine *offene Zukunft* liegt. Sie bleibt offen im Sinne aller menschli Möglichkeiten und auch im Sinne der Unsicherheit, ob sie überhaupt wird. Ein jedes Ziel, und in ihm ein jedes Projekt der Freiheit, ist also ser offenen Zukunft »freigestellt«. Die Arbeit, die der marxistische At mit der schlichten Demut des Arbeiters an der Geschichte unterni wird durch dieses innere Drama getragen.

Entnommen aus: Erich Kellner (Hrsg.), Gespräche der Paulus-Gesellschaft 3: Schö tum und Freiheit in einer humanen Gesellschaft. Marienbader Protokolle, Europa lag, Wien 1969, S. 253–255.

MARGARETTA K. BOWERS

Die Isolation des Sterbenden *

16 Die Griechen lehrten, daß das schrecklichste Übel nicht das Sterben sondern das allein durchlittene Sterben. Demgemäß sollte der sterbe Patient von seinen Freunden, Verwandten oder dem Krankenhauspers nicht mehr als unbedingt nötig isoliert werden...

Viele sind der Ansicht, daß das Gefühl der Entfremdung und die tiefe samkeit des Patienten verstärkt werden, wenn man das Problem überg ob er sterben wird. Diese Ansicht wurde von Tolstoi in »Der Tod des I Iljitsch« ausführlich dargestellt. Die Patienten fühlen sich oft der Fa entfremdet, wenn diese ihnen nicht die Wahrheit sagt – eine Wahrheit sie vermuten. Ärzte wie Weisman und Hackett von der Harvard-Univer glauben, daß menschliche Nähe und Wärme die einzigen Heilmittel s da das Sterben eine einsame Angelegenheit ist. Dementsprechend be worten sie die Wahrheit als richtige Einstellung im Umgang mit dem tienten.

»Wir wollen damit nicht sagen, der Arzt müsse dem Patienten in s nungsloser Form mitteilen, daß er eine tödliche, unheilbare Krankheit und innerhalb eines Monats »erledigt« sein wird. Die Wahrheit hat v Gesichter; ein jedes davon kann so verwendet werden, wie es erforde ist. Auch darf die Wahrheit unter diesen Umständen nicht jeden H nungsstrahl gänzlich auslöschen. Die Hoffnung auf eine Besserung nie verloren, selbst wenn eine Heilung unmöglich ist... Wahrheit Hoffnung schließen einander nicht aus...«

Tolstoi hob dies in »Der Tod des Iwan Iljitsch« hervor: »Die Hauptqua Iwan Iljitsch war die Lüge – ... daß man nicht eingestehen wollte, was wußten und was auch er wußte, daß man ihn über seine entsetzliche L mit Lügen hinwegtäuschen wollte und ihn selbst zwang, diese Lüge m

ohne die wärmende Nähe eines liebenden Menschen im letzten E
stelle die schwerste aller Prüfungen dar, die dem Menschen he
erlegt sei, ohne daß er noch die Kraft besäße, sie zu bestehen...

Entnommen aus: Paul Schütz, Evangelium. Sprache und Wirklichkeit der Bib
Gegenwart. Furche-Verlag, Hamburg 1966 (Ges. Werke) und 1972 (Sonder
Seite 116–124 in Auszügen.

VITEZSLAV GARDAVSKY

Metaphysik des Atheismus

13 Der Marxismus als Atheismus weiß, daß der Mensch zwar viele
sche, aber wohl nur zwei Gewißheiten metaphysischen Ranges
Ich bin ein gesellschaftliches Wesen, das sich zu transzendieren
und ich habe die absolute Sicherheit des Todes.

Diese zwei Sicherheiten bedingen einander wechselseitig: Weil ic
lich bin, bin ich auch gesellschaftlich; die Gesellschaft kann leb
entwickeln und sich humanisieren, weil ihre einzelnen Mitglieder s
Das ist eine ausschließlich menschliche Bedingtheit.

Beide Sicherheiten sind tief widersprüchlich: Der Tod nimmt mi
auch mich selbst, aber die Gesellschaft wird weiterleben. Ihr Leb
es dauernd durch den Tod ihrer Mitglieder belastet ist, ist niemals
gesichert und infolgedessen auch nie vollendet. Sie hat kein Eschat
Mein Tod, obwohl er für mich ein Ende meiner Hoffnung ist, läßt d
nung der anderen, der Gesellschaft, unberührt. Das Leben der
schaft ist eine andauernde Überwindung der Enttäuschung und de
nungslosigkeit.

Dem darin beschlossenen Widerspruch kann man auf keine Wei
kommen: weder so, daß wir dem individuellen Leben einen ab
Wert zuschreiben, noch so, daß wir es völlig in überdauernder me
cher Kollektivität aufgehen lassen. Das Individuum ist unersetzli
Existenz der Gesellschaft nimmt dem Individuum seine Unersetz
nicht ab, sondern setzt sie voraus.

Diese Gedanken sollen nicht als billiger Optimismus aufgefaßt v
Der individuelle Tod ist *mein* Tod, das kann auf keine Weise abge
werden. Er ist meine sichere Zukunft und im Grunde das einzige
sichere Ereignis des menschlichen Lebens. Seine Schwere, alles da
um das menschliche Leben als die Qual der Endlichkeit bezeichn
den mußte, folgt nicht aus dem rein Individuellen, sondern daraus,
in überindividuelle Beziehungen eingespannt sind. Das Tier stirb
diese Qual; ein Säugling ebenso. Nur die gesellschaftlich enga
Menschen erleben sie.

14 Aus diesem Grunde findet die Erwägung des Todes keinen Auswe
ßer in die Mystik –, wenn sie nicht gleichzeitig eine Erwägung der R
zwischen dem Individuum und der Gesellschaft ist. Der Tod ist schr

---

[1] Eschaton: hier gleichbedeutend mit: absolutes Ziel; vgl. auch eschatologisch
Ende und Ziel der Welt betreffend.

durch den Verlust dieser Relation: Ich höre auf, ein Schnittpunkt solcher Beziehungen zu sein. Desto wesentlicher ist es, daß Ich mit dem aktuellen Bewußtsein dieser sicheren Zukunft lebe; daß ich mein Leben so führe, daß ich in jeder Beziehung, die mich angeht, das Maximum meines Lebens hineinlege; nach den Worten des Marcus Aurelius: so, als ob ich schon morgen sterben sollte.

Wer an Gott und die unsterbliche Seele glaubt, hat auch in seinem allerletzten Augenblick noch einen Funken der Hoffnung: er verschiebt noch um einen Bruchteil einer Sekunde seinen Tod. Diese Hoffnung habe ich nicht. Darum erscheinen mir alle meine Beziehungen in ihrer durchsichtigen, illusionslosen Reinheit. Jede von ihnen trägt an sich das Zeichen des Todes. Jede von ihnen hat für mich einen unwiederholbaren Wert, sie ist unvertauschbar. Jedes Zusammentreffen mit den Menschen ist für mich als ein endliches Individuum eine Gabe: Es kann die allerletzte sein. Und auch ich bin einem jeden diese selbe Gabe – wenn ich etwas zu geben habe.

Die atheistische Theorie der Subjektivität ist im Bereich des Individuums durch das Faktum und durch die Reflexion des Todes getragen; sie ist aber keine Theorie der zersetzenden Hoffnungslosigkeit. Ganz im Gegenteil: Sie ist der Ort, wo die Subjektivität als *sich transzendierende Aktivität* entsteht – als eine Aktivität, die Hoffnung besitzt, weil sie Hoffnung gibt, die gesucht wird, weil sie selber die anderen sucht, die beschenkt wird, weil sie schenkt.

Erst das Individuum, das sich auf solche Weise seines sicheren Todes bewußt wird, ist gesellschaftlich unvertauschbar. Selber ohne Hoffnung auf die Ewigkeit, dem Tode bloßgestellt, werde ich hoffnungsvoll für die, die mich überleben. Gewiß, auch ihr Leben endet mit dieser Privation der Hoffnung. Aber nur um diesen höchsten Preis, um den Preis der persönlichen Niederlage, hält die Hoffnung als eine Unentbehrlichkeit des menschlichen Lebens durch – als Hoffnung der menschlichen Gesellschaft auf die Zukunft.

Wenn wir alle mit dem Augenblick der Geburt geschlagen sind und wenn trotzdem der Menschheit die Hoffnung anhaftet, dann ist dieses Paradox ein Beweis der *Gesellschaftlichkeit* des Menschen. Alles in uns drängt zur Verkennung des Todes: alles, was uns ohne gesellschaftlichen Zusammenhang läßt. Erst indem wir das menschliche Los des Todes freiwillig auf uns nehmen, werden wir zu Menschen, die die menschliche Hoffnung am Leben erhalten und damit die Menschheit überhaupt, ihre Pläne, ihre Projekte, ihr Ringen, auch ihre Illusionen und Fiktionen.

Je größer der objektive Wert dessen ist, wessen uns der Tod beraubt (er beraubt uns auch der Illusion über unseren eigenen Wert), desto größer ist unsere persönliche Niederlage, desto größer ist aber auch die Bedeutung dessen, was den überlebenden überindividuellen Strukturen eingeprägt verbleibt.

Aber das kann und das darf für den Atheisten kein *Trost* sein! Das alles bereitwillig auf sich zu nehmen, scheint mir des Lebens Wert zu sein: zu arbeiten, als ob ich hienieden ewig verbleiben sollte.